영어 교과서 단숨에 따라잡는

초등 필수 영어 무작정 따라하기

초등 영어의 핵심을
빠르게 완성해요!

영어 교과서 핵심을 쏙쏙!

초등 영어 교과서 5종을 분석하여 핵심 내용을 각 영역별로 쪼개 체계적인 커리큘럼으로 만들었습니다.

한 권으로 단기 완성!

교과서 필수 내용을 단 한 권으로 압축하여 4년간의 학습을 1~2개월 단기간 집중 마스터할 수 있습니다.

영어 실력이 향상되는 맞춤 학습법!

영어 교육 전문 집필진과 공부 효과를 높이는 학습 설계로 가정에서도 아이들 스스로 학습이 가능합니다.

안녕? 만나서 반가워! 나는 할레옹이야.
내가 가장 좋아하는 과목은 영어야.
그런데 영어가 어렵기만 하다고? 걱정하지 마!
초등학생이라면 꼭 알아야 할
교과서 필수 내용을 한 권에 쏙쏙 담은
'초등 필수 영어 무작정 따라하기'가 있으니까!

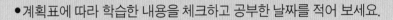

알파벳 2주 학습 계획표

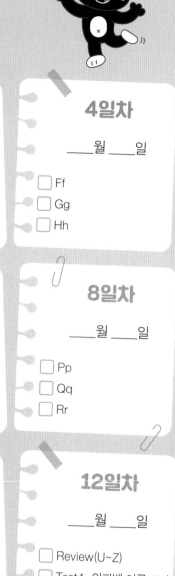

• 계획표에 따라 학습한 내용을 체크하고 공부한 날짜를 적어 보세요.

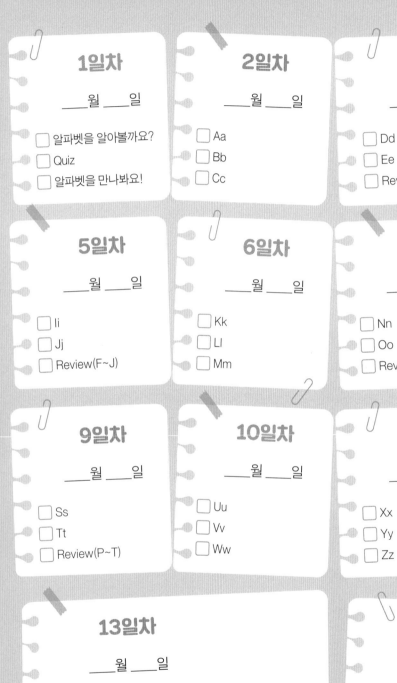

1일차
___월 ___일

- ☐ 알파벳을 알아볼까요?
- ☐ Quiz
- ☐ 알파벳을 만나봐요!

2일차
___월 ___일

- ☐ Aa
- ☐ Bb
- ☐ Cc

3일차
___월 ___일

- ☐ Dd
- ☐ Ee
- ☐ Review(A~E)

4일차
___월 ___일

- ☐ Ff
- ☐ Gg
- ☐ Hh

5일차
___월 ___일

- ☐ Ii
- ☐ Jj
- ☐ Review(F~J)

6일차
___월 ___일

- ☐ Kk
- ☐ Ll
- ☐ Mm

7일차
___월 ___일

- ☐ Nn
- ☐ Oo
- ☐ Review(K~O)

8일차
___월 ___일

- ☐ Pp
- ☐ Qq
- ☐ Rr

9일차
___월 ___일

- ☐ Ss
- ☐ Tt
- ☐ Review(P~T)

10일차
___월 ___일

- ☐ Uu
- ☐ Vv
- ☐ Ww

11일
___월 ___일

- ☐ Xx
- ☐ Yy
- ☐ Zz

12일차
___월 ___일

- ☐ Review(U~Z)
- ☐ Test 1. 알파벳 이름 쓰기

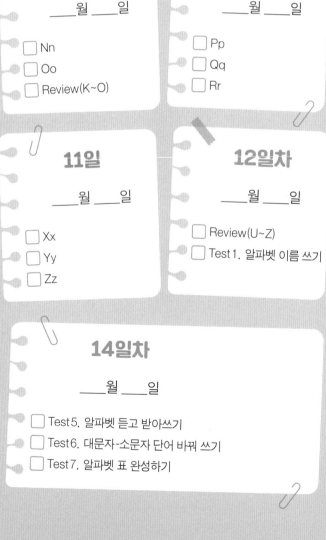

13일차
___월 ___일

- ☐ Test 2. 알파벳 바르게 쓰기
- ☐ Test 3. 알파벳 순서 연결하기
- ☐ Test 4. 대문자-소문자 바꿔 쓰기

14일차
___월 ___일

- ☐ Test 5. 알파벳 듣고 받아쓰기
- ☐ Test 6. 대문자-소문자 단어 바꿔 쓰기
- ☐ Test 7. 알파벳 표 완성하기

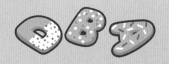

초등 필수 알파벳 무작정 따라하기

따스(이은주) 지음

길벗스쿨

지은이 **따스(이은주)**

교대 및 교대 대학원에서 초등영어교육을 전공하고, 서울에서 초등 교사로 17년째 재직중입니다.
수업 현장에서의 경험을 바탕으로 아이들이 쉽고 재미있게 영어를 익힐 수 있는 교재 개발과 강의,
수업 컨설팅을 진행하고 있습니다. 또한 10년간 블로그를 운영하며 교육 관련 글을 쓰고, 5만 명의
부모님들과 SNS를 통해 소통하면서 두 아이에게 직접 '엄마표 영어'를 진행한 노하우와 자료를
공유하고 있습니다. 다른 저서로는 《하루 한장 English Bite 영단어 6학년》,《초중고 영어공부
로드맵》이 있습니다.

인스타그램 • @ttasbooks
블로그 • 따스의 교육이야기 https://blog.naver.com/cozy82

초등 필수 알파벳 무작정 따라하기
The Cakewalk Series – The Alphabet for Kids

개정판 발행 · 2024년 8월 2일

지은이 · 이은주
발행인 · 이종원
발행처 · 길벗스쿨
출판사 등록일 · 2006년 7월 1일 | **주소** · 서울시 마포구 월드컵로 10길 56(서교동)
대표 전화 · 02)332-0931 | **팩스** · 02)323-0586
홈페이지 · www.gilbutschool.co.kr | **이메일** · gilbut@gilbut.co.kr

기획 및 책임 편집 · 최지우(rosa@gilbut.co.kr) | **기획** · 이민경 | **표지 디자인** · 이현숙 | **제작** · 손일순
영업마케팅 · 문세연, 박선경, 박다슬 | **웹마케팅** · 박달님, 이재윤, 이지수, 나혜연
영업관리 · 정경화 | **독자지원** · 윤정아

편집진행 및 전산편집 · 기본기획 | **디자인** · 박찬진 | **본문삽화** · 전진희, 퍼플페이퍼 | **표지삽화** · 퍼플페이퍼
녹음 · YR미디어 | **인쇄** · 교보피앤비 | **제본** · 신정문화사

∗ 잘못 만든 책은 구입한 서점에서 바꿔 드립니다.
∗ 이 책은 저작권법에 따라 보호받는 저작물이므로 무단전제와 무단복제를 금합니다.
  이 책의 전부 또는 일부를 이용하려면 반드시 사전에 저작권자와 길벗스쿨의 서면 동의를 받아야 합니다.

ⓒ 이은주, 2024
ISBN 979-11-6406-566-0 (63740) (길벗스쿨 도서번호 30549)
정가 13,000원

독자의 1초를 아껴주는 정성 길벗출판사
(주)도서출판 길벗 | IT실용서, IT단행본, 경제경영서, 어학&실용서, 인문교양서, 자녀교육서
www.gilbut.co.kr
길벗스쿨 | 국어학습서, 수학학습서, 유아학습서, 어학학습서, 어린이교양서, 학습단행본
www.gilbutschool.co.kr

길벗스쿨 공식 카페 〈기적의 공부방〉 · cafe.naver.com/gilbutschool
인스타그램 / 카카오플러스친구 · @gilbutschool

제 품 명 : 초등 필수 알파벳
          무작정 따라하기
제조사명 : 길벗스쿨
제조국명 : 대한민국
전화번호 : 02-332-0931
주   소 : 서울시 마포구 월드컵로
          10길 56 (서교동)
제조년월 : 판권에 별도 표기
사용연령 : 7세 이상
KC마크는 이 제품이 공통안전기준에
적합하였음을 의미합니다.

3학년 학교 영어 준비, 알파벳부터 확실히!

우리나라 공교육에서는 3학년 때 처음으로 영어 수업을 시작합니다. 학교에서 직접 학생들을 가르치는 위치에 있다 보니, 학부모님들로부터 '처음 하는 학교 영어 수업, 어떻게 준비하면 좋을까요?'라는 질문을 자주 받습니다. 3학년 영어 수업은 학생들이 영어를 전혀 알지 못한다는 가정 하에 시작하지만, 일주일에 두 시간만 배정이 되어 있고, 학생 간 경험과 능력의 차이가 크게 나는 과목이기 때문에 수업을 온전히 따라가기 위해서는 보충 학습이 꼭 필요합니다.

특히 '알파벳 학습'은 초등 영어 수업의 첫 단추이므로 꾸준한 복습이 필요합니다. 많은 학생들이 알파벳을 다 익혔다고는 하지만, 대문자와 소문자를 잘 구분하지 못하는 경우, 비슷한 글자끼리 서로 혼동하는 경우, 정확한 발음으로 읽지 못하는 경우 등의 모습을 자주 보입니다. 이에 학생들이 알파벳을 쉽고 재미있게, 꼼꼼하면서도 빠르게 익힐 수 있도록 다양한 시도와 고민을 해 왔고, 그 경험을 바탕으로 '알파벳 2주 커리큘럼'을 완성하고 이 책을 쓰게 되었습니다.

알파벳을 정확하게 알고 있는지 확인해 보세요!

영어 알파벳은 대문자 26개, 소문자 26개의 이름과 모양, 쓰는 법, 알파벳의 순서, 대표 음가까지 모두 알아야 흔히 말하듯 '알파벳을 뗐다'라고 할 수 있고, 다음 단계인 파닉스와 어휘 학습, 회화 등을 원활하게 할 수 있습니다.

2주 동안 알파벳을 빠르게 익혀요!

저학년 수준에 맞춰 2주 동안 빠르게 알파벳을 학습하고, 다양한 문제 풀이로 마지막 점검까지 완벽하게 끝낼 수 있도록 구성했습니다. 책의 순서대로 2주간 학습을 마치면 알파벳을 확실히 뗄 수 있습니다.

3학년 영어 수업을 미리 경험해요!

이번 개정판에서는 학생들이 비슷하게 생겨서 헷갈리는 알파벳들을 모아 쉽게 구분할 수 있는 유용한 팁을 본문에 보강하고 관련 워크시트를 추가하였습니다. 더욱 확실하고, 효과적인 학습을 경험해 보세요!

2주 만에 확실히 알파벳을 끝내고, 영어 시간에 자신 있는 모습으로 만나요!

저자 이은주

PART 1. 알파벳 익히기

알파벳 A부터 Z까지 대문자와 소문자 52글자를 순서대로 배워요. 배운 내용은 문제를 풀며
바로 확인하고 5~6개씩 알파벳을 묶어 다시 한 번 복습하며 완벽하게 암기합니다.

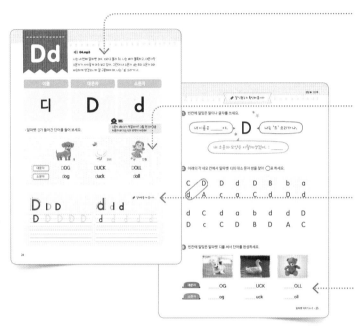

알파벳 모양과 이름을 익혀요!
알파벳을 소개하는 음성을 들으며, 알파벳 이름
과 대·소문자의 모양을 배워요. 다른 알파벳과
모양이 헷갈릴 땐 팁을 보고 확실하게 익히세요.

영단어로 알파벳 모양과 소리를 확인해요!
영어 교과서에 자주 등장하는 영단어를 원어민
발음으로 들으며, 영단어에 포함된 알파벳 모양
과 소리를 확인해 보세요.

대문자와 소문자 쓰는 법을 익혀요!
알맞은 위치에 바른 모양으로 알파벳 쓰기를 연
습해요. 알파벳을 따라 쓰며 대·소문자의 서로
다른 모양을 잘 기억해 두세요.

배운 내용을 바로 확인해요!
지루하지 않게 다양한 유형으로 재미있게 구성
한 문제를 풀며 알파벳의 모양과 이름, 쓰는 법을
잘 익혔는지 확인해요.

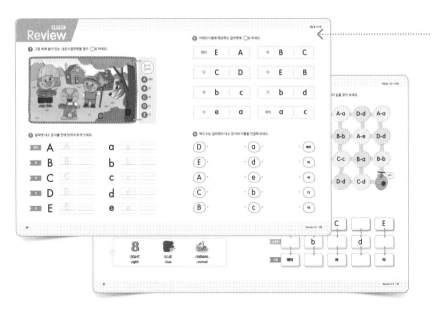

리뷰 테스트로 복습해요!
앞에서 익힌 알파벳을 복습할 수
있는 문제들로 구성했어요. 반복
학습하며 알파벳을 오래 기억할
수 있어요. 리뷰 테스트를 풀며
확실히 익힌 알파벳과 다시 공부
해야 할 알파벳을 확인해 보세요.

* 본 교재는 영어를 처음 접하는 학생들
에게 도움을 주기 위하여 영어 소리를
우리말로 표기했어요. 하지만 이 표기
는 영어 소리와 정확하게 일치하지 않
으니 참고로만 활용하고 정확한 소리
는 음원을 여러 번 듣고 익혀 주세요.

PART 2. 총정리 테스트

총정리 테스트로 알파벳을 확실히 익혔는지 점검해 보세요. 알파벳 이름 쓰기, 바르게 쓰기, 순서 연결하기, 대·소문자 바꿔 쓰기, 듣고 받아쓰기, 대·소문자 단어 바꿔쓰기, 알파벳 차트 완성하기 총 7가지 테스트를 무사히 통과하면 드디어 학교 영어 수업 준비를 마치게 됩니다.

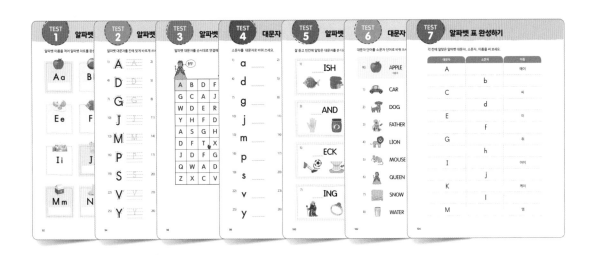

특별 부록

단어 쓰기 연습
본문에서 만난 기초 영단어를 알맞은 위치에 바른 모양으로 따라 쓰면서 익혀 보세요.

워크시트

헷갈리는 알파벳 워크시트
모양이 비슷하게 생겨서 자주 헷갈리는 알파벳만 모아 정확하게 익히고 확인해요.

길벗스쿨 e클래스 안내

MP3 + 자료

스마트폰으로 QR코드를 스캔하면 음원 파일과 워크시트를 다운로드 할 수 있습니다.

길벗스쿨 e클래스 eclass.gilbut.co.kr

길벗스쿨 e클래스 홈페이지 검색창에 도서명으로 검색해 해당 도서 페이지의 음원 파일과 워크시트를 다운로드 할 수 있습니다.

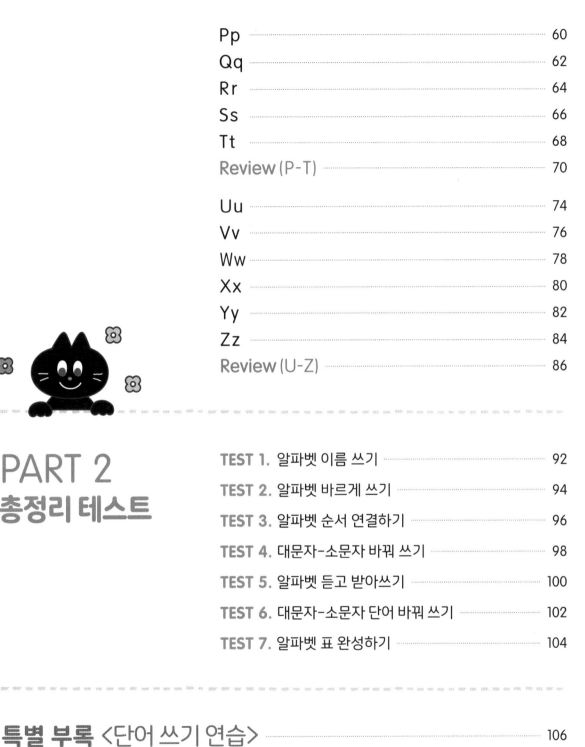

PART 2
총정리 테스트

 QR코드를 스캔하면 음원 파일을 바로 듣거나
MP3 파일 전체를 다운로드 할 수 있습니다.

준비 학습

먼저 앞으로 배울 알파벳을 알아보자!

알파벳 을 알아볼까요?

알파벳이란?

영어 알파벳은 영어의 소리를
글로 적을 수 있는 글자예요.
알파벳은 모두 **26개**가 있어요.

사과

APPLE

A P L E

사과라는 영어 단어를
적으려면 A, P, L, E 4개의
알파벳이 필요해!

왜 알파벳을
알아야 할까요?

알파벳을 알면 영어책을 읽을
수 있어요.

알파벳을 알면 영어의 소리를
글로 적을 수 있어요.

☐ 다 읽었다면 ✔ 표시 하세요.

알파벳은 대문자와 소문자가 있어요.

영어 알파벳 한 글자는 다시 대문자(큰 글자)와 소문자(작은 글자)로 나눌 수 있어요.
한 알파벳의 대문자와 소문자는 모양은 다를 수 있지만, 이름과 소리는 서로 같아요.

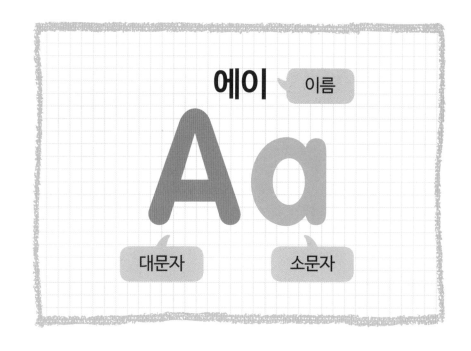

이름
에이

Aa

대문자   소문자

알파벳으로 단어를 만들 수 있어요.

알파벳 하나하나는 소리를 나타내지만, 여러 알파벳이 모여 단어가 되면 뜻이 생겨요.

5개의 알파벳이 만나
사탕이라는 단어가
되었어!

사탕   대문자 **CANDY**
소문자 **candy**

알파벳은
쓰는 순서가 있어요.

순서에 맞게 쓰면 더 쓰기 편해요.

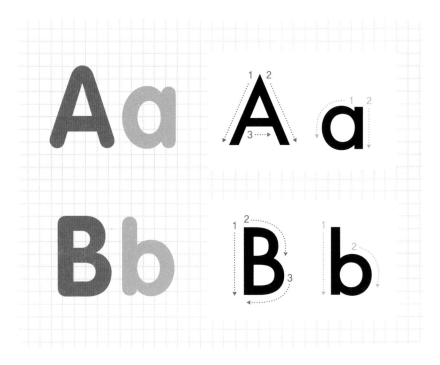

알파벳은
쓰는 위치가 있어요.

알파벳을 쓰는 위치는 정해진
약속이에요.
대문자는 **위 두 칸**을 사용하고,
소문자는 **글자마다 달라요.**

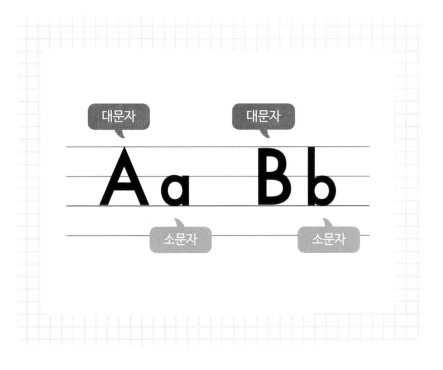

Quiz

정답 ▶ 122쪽

1. 아래 단어는 몇 개의 알파벳으로 이루어져 있을까요?

A N T --------> (3개   )

D U C K -------> (   )

F L O W E R --------> (   )

g i f t --------> (   )

h a t ------> (   )

2. 같은 모양의 알파벳을 찾아 ◯표 하세요.

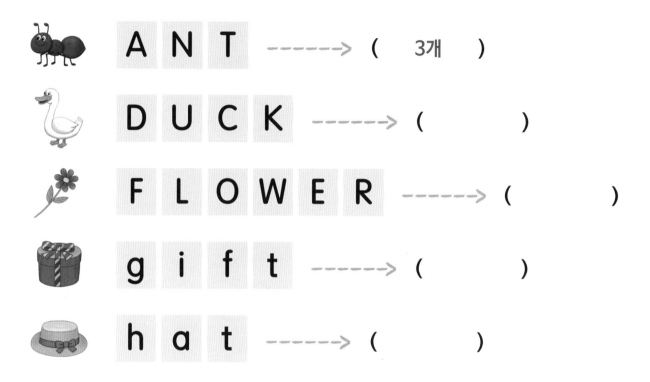

A	—	V	W	A	F
B	—	C	B	D	G
e	—	e	c	a	u
f	—	t	l	p	f

알파벳 을 만나 봐요!

노래를 따라 부르며 알파벳 이름을 익혀 보세요. 🔊 **song.mp3**

A a
에이

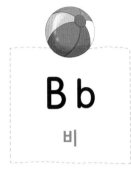
B b
비

C c
씨

D d
디

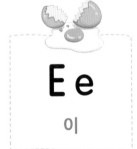
E e
이

F f
에프

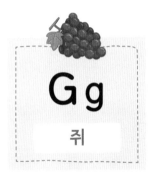
G g
쥐

H h
에이취

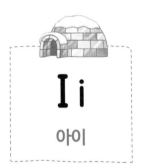
I i
아이

J j
제이

K k
케이

L l
엘

M m
엠

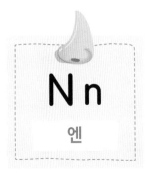
N n
엔

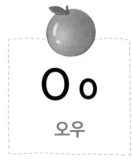
O o
오우

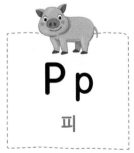
P p
피

Qq
큐

Rr
알

Ss
에스

Tt
티

Uu
유

Vv
브이

Ww
더블유

Xx
엑스

Yy
와이

Zz
지

알파벳은
모두 26개야!

PART 1

알파벳 익히기

알파벳 순서대로 배우고,
문제를 풀며 바로바로 복습까지 끝내자!

 01.mp3

나는 알파벳 A야. 에이라고 불러 줘.
알파벳 중에 **제일 앞**에 나오는 **대장**이지. 대문자 A는 악어 이빨처럼
뾰족뾰족하고, 소문자 a는 사과처럼 동글동글해. 나는 '**애**' 소리가 난단다.

이름	대문자	소문자
에이	A	a

• 알파벳 A가 들어간 단어를 들어 보세요.

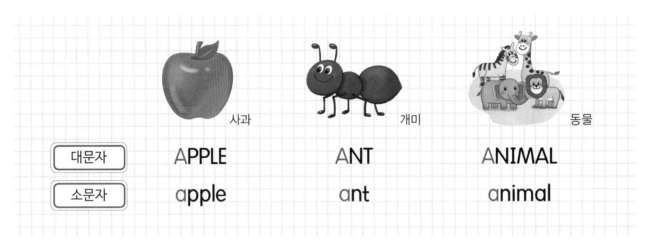

	사과	개미	동물
대문자	APPLE	ANT	ANIMAL
소문자	apple	ant	animal

✏️ *알파벳을 써 봅시다.*

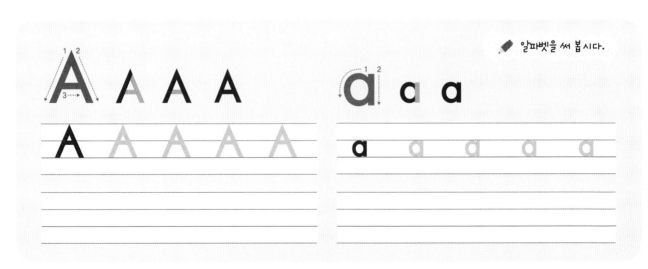

잘 익혔는지 확인해 봅시다

① 빈칸에 알맞은 말이나 글자를 쓰세요.

이름	대문자	소문자
	A	a
에이		a
에이	A	

② 아래에서 대문자 **A**와 소문자 **a**를 <u>모두</u> 찾아 ◯표 하세요.

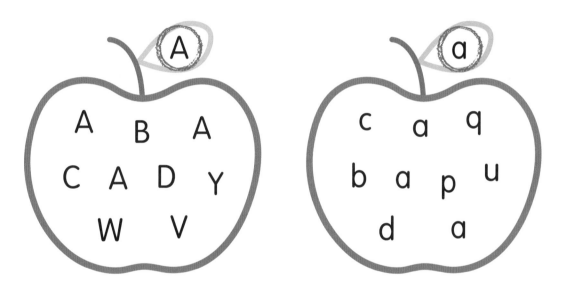

③ 빈칸에 알맞은 알파벳 에이를 써서 단어를 완성하세요.

대문자	_____PPLE	_____NT	_____NIMAL
소문자	_____pple	_____nt	_____nimal

🔊 02.mp3

나는 두 번째 알파벳 B야. 비라고 불러 줘. 나는 벌이나 나비의 날개처럼
생겼지? 대문자 B는 위아래가 모두 볼록볼록하고, 소문자 b는 아래만 볼록해.
그런데 볼록한 방향은 같단다. 나는 '브' 소리가 나.

이름	대문자	소문자
비	B	b

• 알파벳 B가 들어간 단어를 들어 보세요.

	공	벌	파란색
대문자	BALL	BEE	BLUE
소문자	ball	bee	blue

✏️ 알파벳을 써 봅시다.

B B B B
B B B B B

b b b b
b b b b b

20

잘 익혔는지 확인해 봅시다

① 빈칸에 알맞은 말이나 글자를 쓰세요.

이름	대문자	소문자
비		b
비	B	
	B	b

② 아래에서 대문자 **B**와 소문자 **b**를 <u>모두</u> 찾아 ◯표 하세요.

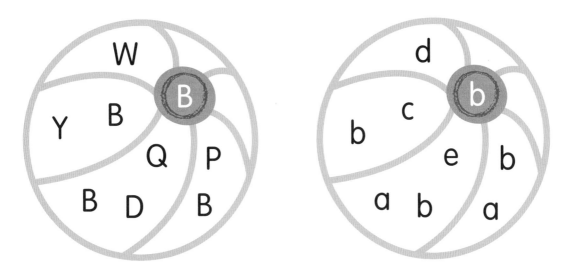

③ 빈칸에 알맞은 알파벳 **비**를 써서 단어를 완성하세요.

대문자	____ALL	____EE	____LUE
소문자	____all	____ee	____lue

Cc

🔊 **03.mp3**

나는 세 번째 알파벳 C야. 씨라고 불러 줘.
내 모양은 꼭 컵 손잡이처럼 생기지 않았니?
대문자랑 소문자 모양이 같아서 기억하기 좋아! 나는 '크' 소리가 나.

이름	대문자	소문자
씨	C	c

• 알파벳 C가 들어간 단어를 들어 보세요.

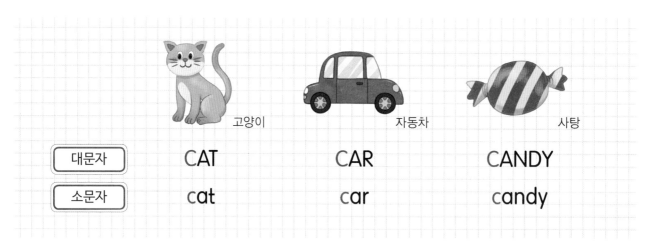

	고양이	자동차	사탕
대문자	CAT	CAR	CANDY
소문자	cat	car	candy

✏️ 알파벳을 써 봅시다.

C c
C C C C C

C c
c c c c c

잘 익혔는지 확인해 봅시다

① 빈칸에 알맞은 말이나 글자를 쓰세요.

이름	대문자	소문자
	C	c
씨		c
씨	C	

② 아래에서 대문자 C와 소문자 c를 <u>모두</u> 찾아 ◯표 하세요.

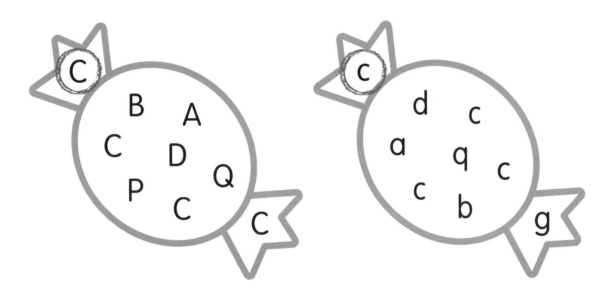

③ 빈칸에 알맞은 알파벳 씨를 써서 단어를 완성하세요.

| 대문자 | _____AT | _____AR | _____ANDY |
| 소문자 | _____at | _____ar | _____andy |

🔊 **04.mp3**

나는 네 번째 알파벳 D야. **디**라고 불러 줘. 나는 배가 볼록하고, 대문자랑 소문자가 사이좋게 마주 보고 있어. 그런데 내 소문자 **d**는 B의 소문자 b와 비슷하게 생겼으니까 잘 구분해야 해. 나는 '**드**' 소리가 나.

이름	대문자	소문자
디	D	d

🐱 **TIPS**

소문자 d와 b가 헷갈리지? 그럴 땐 숫자 6을 떠올려 봐! b는 6과 모양이 비슷해!

• 알파벳 D가 들어간 단어를 들어 보세요.

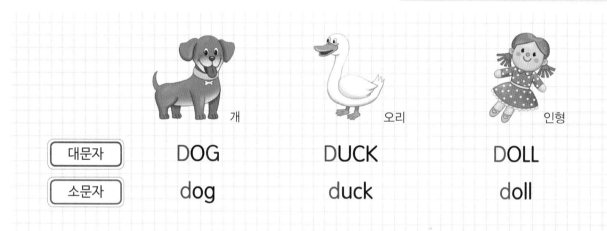

개   오리   인형

대문자	DOG	DUCK	DOLL
소문자	dog	duck	doll

✏️ 알파벳을 써 봅시다.

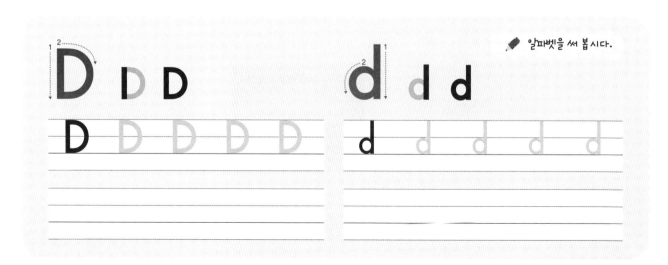

✏ 잘 익혔는지 확인해 봅시다

1 빈칸에 알맞은 말이나 글자를 쓰세요.

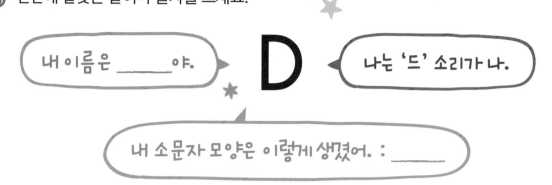

내 이름은 _____ 야.

D

나는 '드' 소리가 나.

내 소문자 모양은 이렇게 생겼어. : _____

2 아래의 각 네모 칸에서 알파벳 디의 대소 문자 쌍을 찾아 ◯표 하세요.

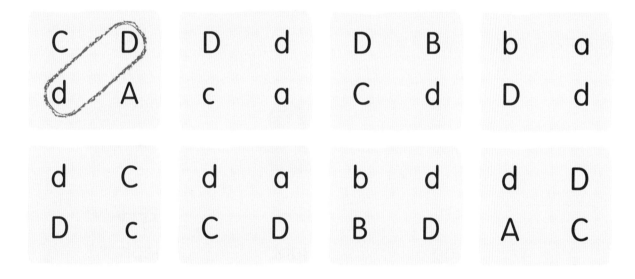

| C | D | D | d | D | B | b | a |
| d | A | c | a | C | d | D | d |

| d | C | d | a | b | d | d | D |
| D | c | C | D | B | D | A | C |

3 빈칸에 알맞은 알파벳 디를 써서 단어를 완성하세요.

| 대문자 | ____OG | ____UCK | ____OLL |
| 소문자 | ____og | ____uck | ____oll |

Ee

🔊 **05.mp3**

나는 다섯 번째 알파벳 **E**야. **이**라고 불러 줘.
내 대문자와 소문자는 비슷한 듯하면서도 조금 달라.
대문자는 반듯반듯, 소문자는 동글동글하지. 나는 '**에**' 소리가 나.

이름	대문자	소문자
이	E	e

• 알파벳 E가 들어간 단어를 들어 보세요.

		계란		팔, 여덟		코끼리
대문자	EGG		EIGHT		ELEPHANT	
소문자	egg		eight		elephant	

🧽 *알파벳을 써 봅시다.*

E E E E E
E E E E E E

e e e
e e e e e

잘 익혔는지 확인해 봅시다

① 빈칸에 알맞은 말이나 글자를 쓰세요.

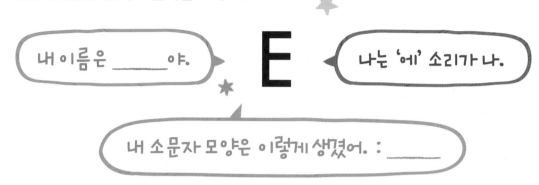

내 이름은 _____ 야.

E

나는 '에' 소리가 나.

내 소문자 모양은 이렇게 생겼어. : _____

② 아래의 각 네모 칸에서 알파벳 이의 대소 문자 쌍을 찾아 ◯표 하세요.

E	e		D	E		b	B		E	a
c	A		e	a		E	e		C	e

d	c		e	A		E	e		d	E
e	E		E	D		B	C		A	e

③ 빈칸에 알맞은 알파벳 이를 써서 단어를 완성하세요.

대문자 ____GG   ____IGHT   ____LEPHANT

소문자 ____gg   ____ight   ____lephant

Review

A, B, C, D, E

1 그림 속에 숨어 있는 대문자 알파벳을 찾아 ◯표 하세요.

숨겨진
알파벳

A 에이

B 비

C 씨

D 디

E 이

2 알파벳 대소 문자를 칸에 맞게 바르게 쓰세요.

에이	A	A
비	B	B
씨	C	C
디	D	D
이	E	E

a a

b b

c c

d d

e e

③ 아래의 이름에 해당하는 알파벳에 ◯표 하세요.

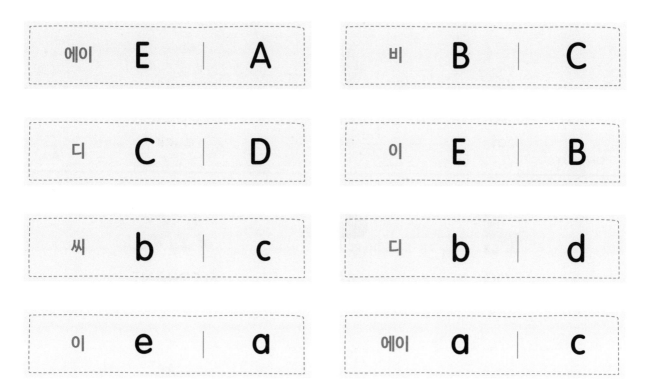

에이 E | A 비 B | C

디 C | D 이 E | B

씨 b | c 디 b | d

이 e | a 에이 a | c

④ 짝이 되는 알파벳의 대소 문자와 이름을 연결해 보세요.

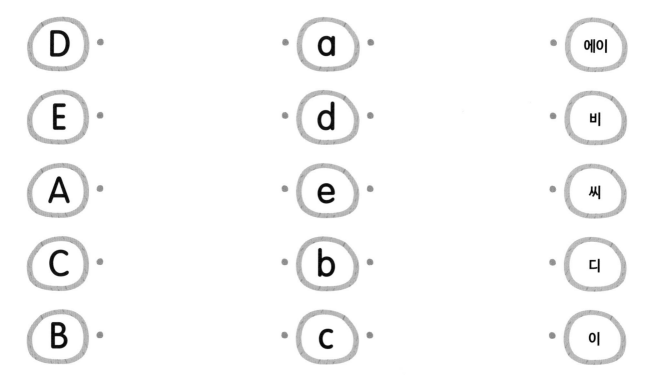

D · · a · · 에이

E · · d · · 비

A · · e · · 씨

C · · b · · 디

B · · c · · 이

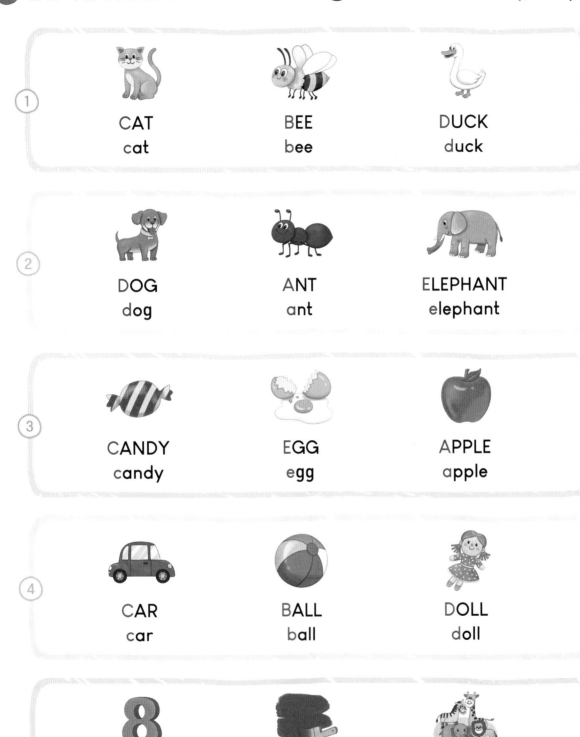

① CAT / cat   BEE / bee   DUCK / duck

② DOG / dog   ANT / ant   ELEPHANT / elephant

③ CANDY / candy   EGG / egg   APPLE / apple

④ CAR / car   BALL / ball   DOLL / doll

⑤ EIGHT / eight   BLUE / blue   ANIMAL / animal

정답 ▶ 122-123쪽

6 알파벳 대소 문자가 바르게 짝지어진 칸을 따라 길을 찾아 보세요.

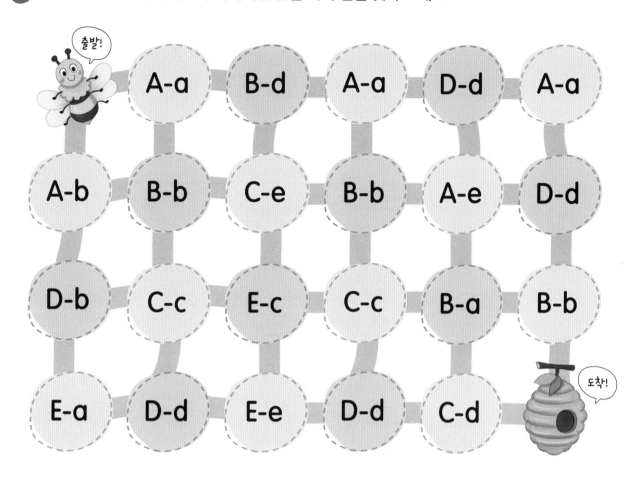

7 빈칸에 알맞은 알파벳과 이름을 쓰세요.

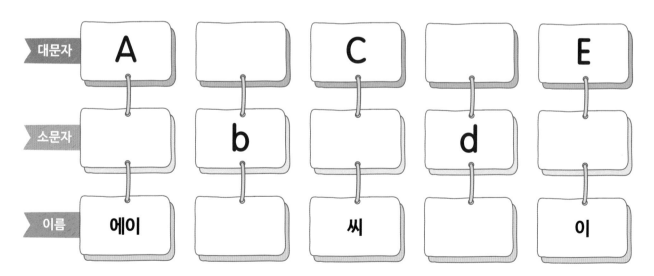

Review A-E • 31

🔊 **07.mp3**

나는 여섯 번째 알파벳 F야. **에프**라고 불러줘. 내 모양은 할아버지 지팡이 처럼 생겼어. 나는 '**프**' 소리가 나는데, 우리말처럼 '프'하고 입술끼리 부딪히면 안 되고, 윗니가 아랫입술에 닿으면서 나는 소리야. 주의를 기울여 들어 보렴!

이름	대문자	소문자
에프	F	f

TIPS
대문자 F는 E와 닮았지만 아래 선 하나가 빠진 모양이니 기억해!

• 알파벳 F가 들어간 단어를 들어 보세요.

물고기   아버지   꽃

대문자	FISH	FATHER	FLOWER
소문자	fish	father	flower

✏️ 알파벳을 써 봅시다.

F F F F
F F F F F

f f f f
f f f f f

잘 익혔는지 확인해 봅시다

① 알파벳 순서에 따라 빈칸에 알맞은 알파벳을 쓰세요.

비   씨   디   이   에프

Bb   Cc   Dd   Ee

② 아래에서 알파벳 에프의 대소 문자를 <u>모두</u> 찾아 ◯표 하세요.

F

E   F   E   f   b   E   a

c   A   g   f   A   d   C

d   e   f   A   F

C   f   D   B   F   g   f

③ 빈칸에 알맞은 알파벳 에프를 써서 단어를 완성하세요.

| 대문자 | _____ISH | _____ATHER | _____LOWER |

| 소문자 | _____ish | _____ather | _____lower |

🔊 **08.mp3**

나는 일곱 번째 알파벳 G야. **쥐**라고 불러 줘.

나는 꼭 열쇠 구멍처럼 생기지 않았니? 대문자 **G**에 소문자 **g**를 걸어 두고 싶은

모양이야. 나는 '**그**' 소리가 나는데, 어떤 때는 이름처럼 '**쥐**' 소리가 나기도 해.

이름	대문자	소문자
쥐	G	g

TIPS

대문자 G는 대문자 C와 닮았지? 대문자 C에 ㄱ(기역)을 걸친 모양이 바로 G야!

• 알파벳 G가 들어간 단어를 들어 보세요.

포도   선물   초록색

대문자	GRAPES	GIFT	GREEN
소문자	grapes	gift	green

✏️ 알파벳을 써 봅시다.

G G G
G G G G G

g g g
g g g g g

✏ 잘 익혔는지 확인해 봅시다

① 알파벳 순서에 따라 빈칸에 알맞은 알파벳을 쓰세요.

② 아래에서 알파벳 **쥐**의 대소 문자를 모두 찾아 ◯표 하세요.

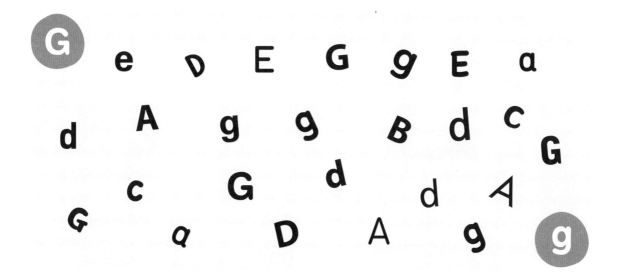

③ 빈칸에 알맞은 알파벳 **쥐**를 써서 단어를 완성하세요.

| 대문자 | _____RAPES | _____IFT | _____REEN |
| 소문자 | _____rapes | _____ift | _____reen |

Hh

🔊 **09.mp3**

나는 여덟 번째 알파벳 H야. **에이취**라고 불러 줘.

내 대문자 **H**는 사다리처럼 생겼고, 소문자 **h**는 기린처럼 목이 길어.

나는 '**호**' 소리가 나.

이름	대문자	소문자
에이취	H	h

• 알파벳 H가 들어간 단어를 들어 보세요.

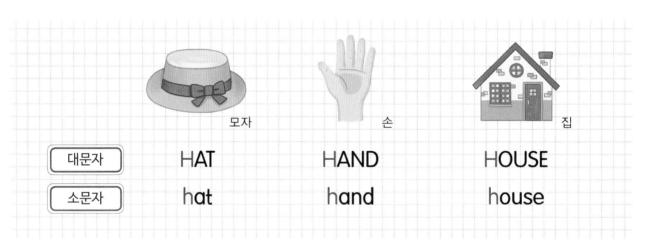

	모자	손	집
대문자	HAT	HAND	HOUSE
소문자	hat	hand	house

✏️ 알파벳을 써 봅시다.

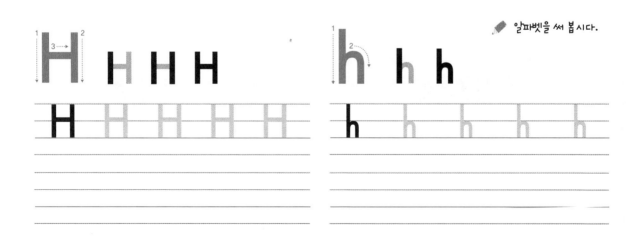

잘 익혔는지 확인해 봅시다

① 알파벳 순서에 따라 빈칸에 알맞은 알파벳을 쓰세요.

디 이 에프 쥐 에이취

Dd Ee Ff Gg

② 아래에서 알파벳 에이취의 대소 문자를 <u>모두</u> 찾아 ◯표 하세요.

H

g F H G h

c H g b d H

d b h a G

h a D B h b

h

③ 빈칸에 알맞은 알파벳 에이취를 써서 단어를 완성하세요.

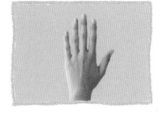

| 대문자 | ____AT | ____AND | ____OUSE |
| 소문자 | ____at | ____and | ____ouse |

🔊 10.mp3

나는 아홉 번째 알파벳 I야. **아이**라고 불러 줘.
대문자 I는 영어로 '나'라는 뜻이 있어서 아주 많이 사용하게 될 거야.
나는 '**이**' 소리가 나.

이름	대문자	소문자
아이	I	i

• 알파벳 I가 들어간 단어를 들어 보세요.

	이구아나	이글루	곤충
대문자	IGUANA	IGLOO	INSECT
소문자	iguana	igloo	insect

✏️ 알파벳을 써 봅시다.

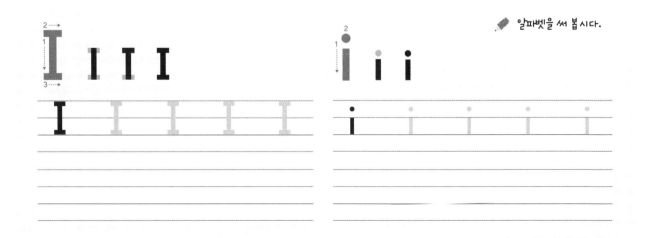

✏️ 잘 익혔는지 확인해 봅시다

1 빈칸에 알맞은 말이나 글자를 쓰세요.

내 이름은 ＿＿＿야.

I

나는 '이' 소리가 나.

내 소문자 모양은 이렇게 생겼어. : ＿＿＿

2 아래의 각 네모 칸에서 알파벳 아이의 대소 문자 쌍을 찾아 ◯표 하세요.

E	e	I	F	I	i	i	G
i	I	f	i	H	h	I	g
d	I	i	A	B	I	I	e
i	D	a	I	d	i	c	i

3 빈칸에 알맞은 알파벳 아이를 써서 단어를 완성하세요.

대문자	＿＿GUANA	＿＿GLOO	＿＿NSECT
소문자	＿＿guana	＿＿gloo	＿＿nsect

🔊 **11.mp3**

나는 열 번째 알파벳 J야. **제이**라고 불러 줘.
나는 대문자랑 소문자가 I, i와 비슷하게 생겼지만 끝부분이 휘어서 갈고리
모양 같아. 나는 '**쥐**' 소리가 난단다.

이름	대문자	소문자
제이	J	j

TIPS

소문자 j는 소문자 i랑 닮았어. i는 !(느낌표)를
거꾸로 둔 모양으로 기억해!

• 알파벳 J가 들어간 단어를 들어 보세요.

주스   재킷   잼

대문자	JUICE	JACKET	JAM
소문자	juice	jacket	jam

✏️ 알파벳을 써 봅시다.

J J J
J J J J J

j j j
j j j j j

 잘 익혔는지 확인해 봅시다

① 빈칸에 알맞은 말이나 글자를 쓰세요.

내 이름은 _____ 야. ▶ **J** ◀ 나는 '쥐' 소리가 나.

내 소문자 모양은 이렇게 생겼어. : _____

② 아래의 각 네모 칸에서 알파벳 제이의 대소 문자 쌍을 찾아 ◯표 하세요.

I	j
i	J

J	j
f	F

J	H
j	h

i	j
J	c

j	J
A	E

D	C
j	J

b	J
j	d

J	j
G	g

③ 빈칸에 알맞은 알파벳 제이를 써서 단어를 완성하세요.

대문자	____UICE	____ACKET	____AM
소문자	____uice	____acket	____am

Review

① 그림 속에 숨어 있는 대문자 알파벳을 찾아 ◯표 하세요.

숨겨진 알파벳

F 에프
G 쥐
H 에이취
I 아이
J 제이

② 알파벳 대소 문자를 칸에 맞게 바르게 쓰세요.

에프	F	F	F		f	f	f
쥐	G	G	G		g	g	g
에이취	H	H	H		h	h	h
아이	I	I	I		i	i	i
제이	J	J	J		j	j	j

③ 아래의 이름에 해당하는 알파벳에 ◯표 하세요.

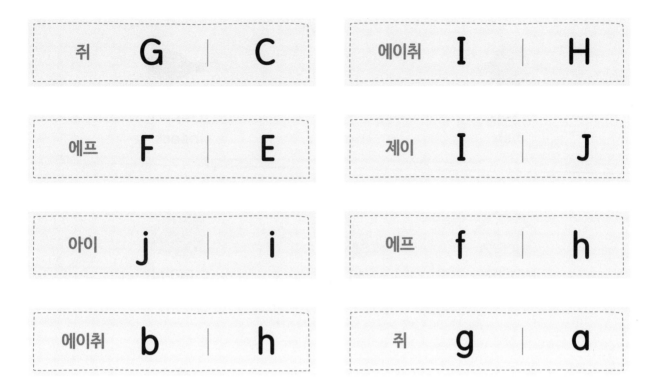

쥐	G	C
에프	F	E
아이	j	i
에이취	b	h

에이취	I	H
제이	I	J
에프	f	h
쥐	g	a

④ 대문자와 짝이 되는 소문자를 찾아 이름과 연결해 보세요.

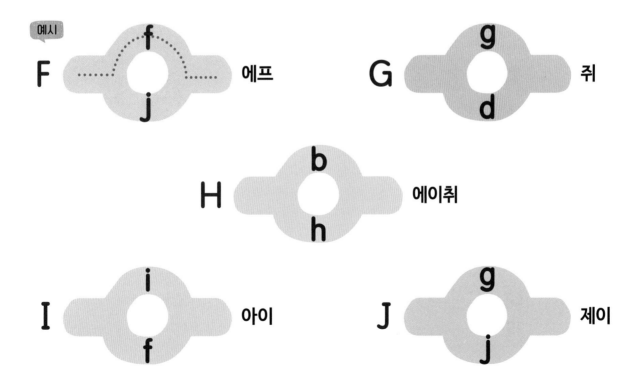

예시

F f / j 에프

G g / d 쥐

H b / h 에이취

I i / f 아이

J g / j 제이

① FISH fish   HAND hand   INSECT insect

② HOUSE house   FATHER father   GREEN green

③ IGUANA iguana   JUICE juice   GRAPES grapes

④ JAM jam   GIFT gift   FLOWER flower

⑤ IGLOO igloo   HAT hat   JACKET jacket

6) 알파벳 대소 문자가 바르게 짝지어진 칸에 색칠해 보세요.

I-j	J-i	G-g	I-j	J-i	H-h	I-j
H-f	G-f	F-f	H-f	J-g	I-i	H-f
G-j	H-g	H-h	G-g	F-f	G-g	J-g
I-h	F-j	I-i	I-h	F-j	F-f	I-h
F-g	I-f	J-j	F-g	I-f	J-j	F-h

➡ 어떤 알파벳이 숨어 있나요? _____

7) 빈칸에 알맞은 알파벳과 이름을 쓰세요.

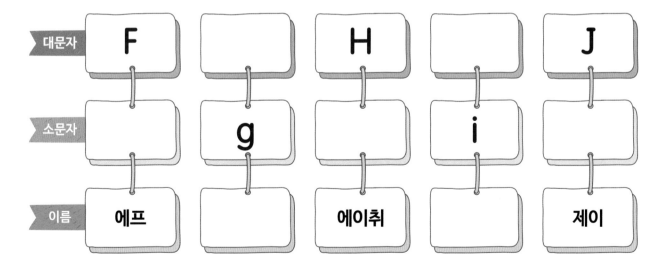

대문자	F		H		J
소문자		g		i	
이름	에프		에이취		제이

Kk

🔊 **13.mp3**

나는 열한 번째 알파벳 K야. **케이**라고 불러 줘.
나는 대문자와 소문자 모양이 비슷한데 오른쪽 꺾이는 부분의 크기와 위치가
다르니 쓸 때 주의해야 해. 나는 '**ㅋ**' 소리가 나.

이름	대문자	소문자
케이	K	k

• 알파벳 K가 들어간 단어를 들어 보세요.

	열쇠	왕	차다
대문자	KEY	KING	KICK
소문자	key	king	kick

✏️ 알파벳을 써 봅시다.

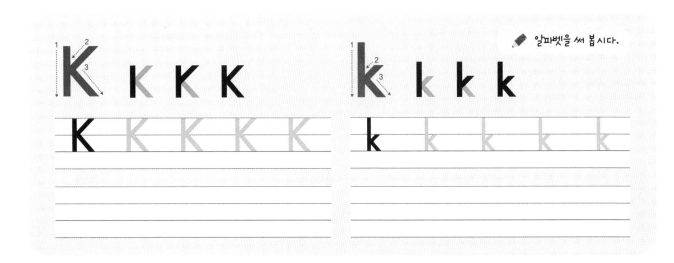

잘 익혔는지 확인해 봅시다

① 빈칸에 알맞은 말이나 글자를 쓰세요.

이름	대문자	소문자
케이		k
케이	K	
	K	k

② 아래에서 대문자 K와 소문자 k를 모두 찾아 ◯표 하세요.

③ 빈칸에 알맞은 알파벳 케이를 써서 단어를 완성하세요.

대문자	____EY	____ING	____ICK
소문자	____ey	____ing	____ick

🔊 14.mp3

나는 열두 번째 알파벳 L이야. 엘이라고 불러 줘.
내 대문자는 한글의 'ㄴ'처럼 생겼어. 소문자는 대문자 I와 비슷하게 생겨서
잘 구분해야 해. 나는 '**ㄹ**' 소리가 나.

이름	대문자	소문자
엘	L	l

• 알파벳 L이 들어간 단어를 들어 보세요.

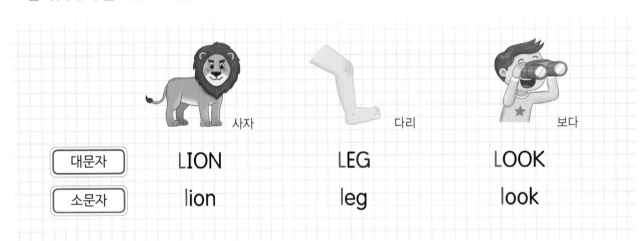

		사자	다리	보다
대문자		LION	LEG	LOOK
소문자		lion	leg	look

✏️ *알파벳을 써 봅시다.*

L L L

I I

✏ 잘 익혔는지 확인해 봅시다

① 빈칸에 알맞은 말이나 글자를 쓰세요.

이름	대문자	소문자
	L	l
엘		l
엘	L	

② 아래에서 대문자 L 과 소문자 l을 <u>모두</u> 찾아 ◯표 하세요.

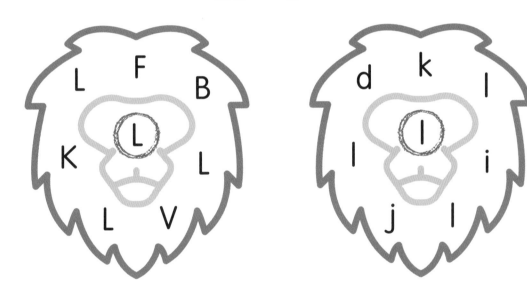

③ 빈칸에 알맞은 알파벳 엘을 써서 단어를 완성하세요.

| 대문자 | ＿＿ION | ＿＿EG | ＿＿OOK |
| 소문자 | ＿＿ion | ＿＿eg | ＿＿ook |

🔊 15.mp3

나는 열세 번째 알파벳 M이야. 엠이라고 불러 줘.

내 대문자와 소문자는 비슷한 듯 달라. 대문자 M은 뾰족뾰족한 산을 오르락내리락, 소문자 m은 둥근 언덕을 오르락내리락하지. 나는 '므' 소리가 나.

이름	대문자	소문자
엠	M	m

• 알파벳 M이 들어간 단어를 들어 보세요.

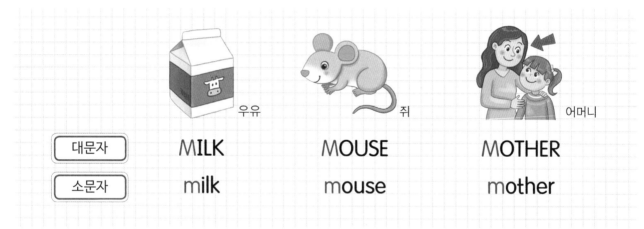

	우유	쥐	어머니
대문자	MILK	MOUSE	MOTHER
소문자	milk	mouse	mother

✏️ 알파벳을 써 봅시다.

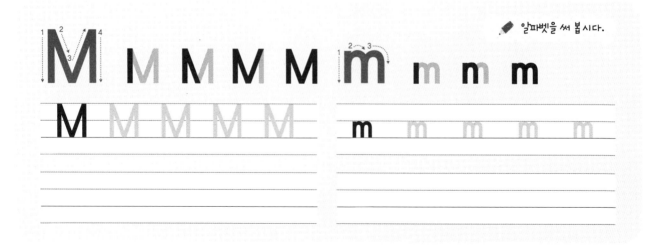

① 빈칸에 알맞은 말이나 글자를 쓰세요.

이름	대문자	소문자
	M	m
엠		m
엠	M	

② 아래에서 대문자 M 과 소문자 m 을 <u>모두</u> 찾아 ◯표 하세요.

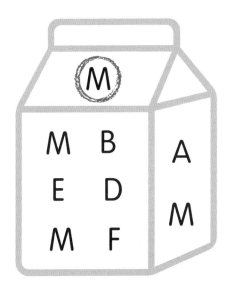

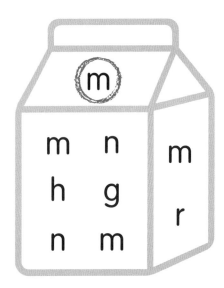

③ 빈칸에 알맞은 알파벳 엠을 써서 단어를 완성하세요.

대문자	____ILK	____OUSE	____OTHER
소문자	____ilk	____ouse	____other

Nn

🔊 16.mp3

나는 열네 번째 알파벳 N이야. **엔**이라고 불러 줘.
내 대문자와 소문자는 M, m의 반쪽 같은 모양이야.
나는 '**ㄴ**' 소리가 나.

이름	대문자	소문자
엔	N	n

• 알파벳 N이 들어간 단어를 들어 보세요.

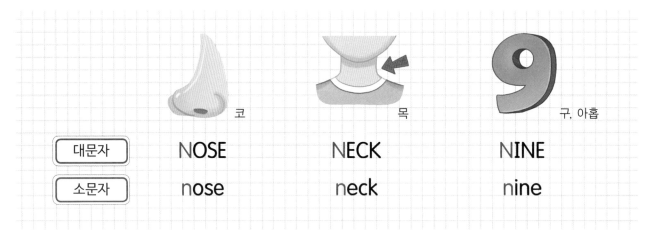

	코	목	구, 아홉
대문자	NOSE	NECK	NINE
소문자	nose	neck	nine

✏️ 알파벳을 써 봅시다.

N N N N
N N N N N

n n n
n n n n n

52

잘 익혔는지 확인해 봅시다

1 빈칸에 알맞은 말이나 글자를 쓰세요.

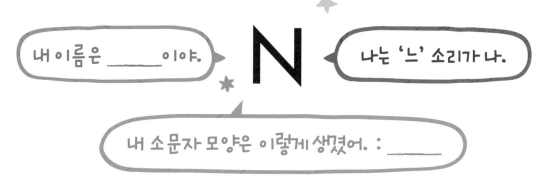

내 이름은 _____이야.

N

나는 '느' 소리가 나.

내 소문자 모양은 이렇게 생겼어. : _____

2 아래의 각 네모 칸에서 알파벳 엔의 대소 문자 쌍을 찾아 ◯표 하세요.

N c	M n	n h	E N
m n	N H	H N	n e

n N	n h	n N	d g
m M	N j	B G	N n

3 빈칸에 알맞은 알파벳 엔을 써서 단어를 완성하세요.

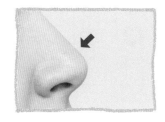  

| 대문자 | ____OSE | ____ECK | ____INE |
| 소문자 | ____ose | ____eck | ____ine |

🔊 **17.mp3**

나는 열다섯 번째 알파벳 **O**야. **오우**라고 불러 줘.
내 모양은 '오' 소리를 낼 때 입 모양같이 동그랗고, 대문자와 소문자가 똑같이
생겼어. 나는 '**아**' 소리가 나.

이름	대문자	소문자
오우	O	o

• 알파벳 O가 들어간 단어를 들어 보세요.

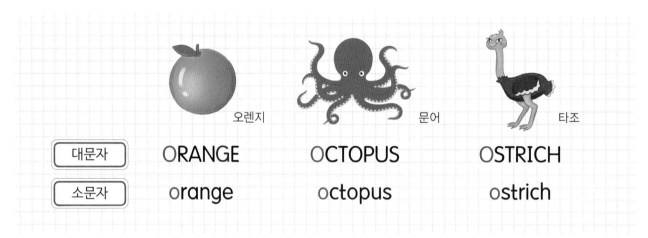

	오렌지	문어	타조
대문자	ORANGE	OCTOPUS	OSTRICH
소문자	orange	octopus	ostrich

✏️ **알파벳을 써 봅시다.**

54

잘 익혔는지 확인해 봅시다

① 빈칸에 알맞은 말이나 글자를 쓰세요.

내 이름은 _____야.

○

나는 '아' 소리가 나.

내 소문자 모양은 이렇게 생겼어. : _____

② 아래의 각 네모 칸에서 알파벳 오우의 대소 문자 쌍을 찾아 ○표 하세요.

O	D	c	o	G	B	O	e
d	o	O	a	o	O	o	b

H	O	o	f	O	o	J	O
L	o	h	O	i	a	o	c

③ 빈칸에 알맞은 알파벳 오우를 써서 단어를 완성하세요.

대문자	____RANGE	____CTOPUS	____STRICH
소문자	____range	____ctopus	____strich

1 그림 속에 숨어 있는 대문자 알파벳을 찾아 ◯표 하세요.

숨겨진 알파벳

K 케이
L 엘
M 엠
N 엔
O 오우

2 알파벳 대소 문자를 칸에 맞게 바르게 쓰세요.

케이	K	k
엘	L	l
엠	M	m
엔	N	n
오우	O	o

③ 잘 듣고, 들려주는 알파벳에 ◯표 하세요.　🔊 18.mp3

① K L M N O

② K L M N O

③ k l m n o

④ k l m n o

⑤ k l m n o

④ 알파벳의 대소 문자와 이름이 바르게 짝지어진 것에 ✔표 하세요.

☐ L l 아이 ☐ K k 케이

☐ M N 엠 ☐ O o 엔

☐ N n 엔 ☐ M m 엠

☐ L l 엘 ☐ n m 오우

key

M

nine

neck

N

mother

milk

K

king

LOOK

I

OCTOPUS

ORANGE

O

LION

LEG

OSTRICH

6 알파벳 대소 문자가 바르게 짝지어진 칸을 따라 길을 찾아 보세요.

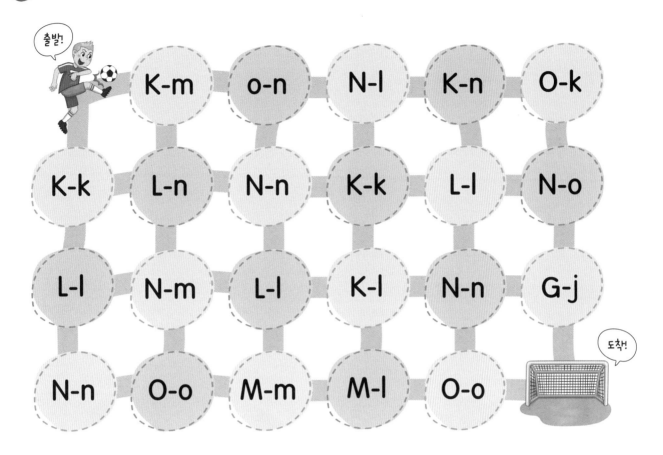

7 빈칸에 알맞은 알파벳과 이름을 쓰세요.

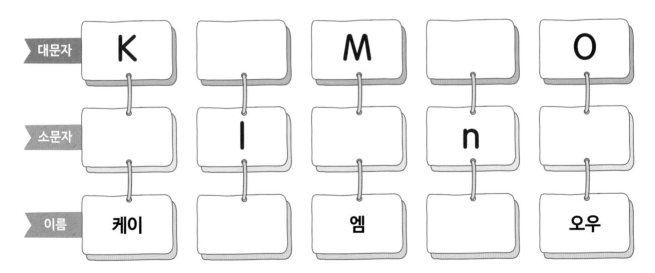

대문자	K		M		O
소문자		l		n	
이름	케이		엠		오우

P p

🔊 **19.mp3**

나는 열여섯 번째 알파벳 **p**야. **피**라고 불러 줘.

나는 표지판을 세워 놓은 모양 같기도 하고, 펄럭이는 깃발 모양 같기도 해.

나는 '**ㅍ**' 소리가 난단다.

이름	대문자	소문자
피	P	p

• 알파벳 P가 들어간 단어를 들어 보세요.

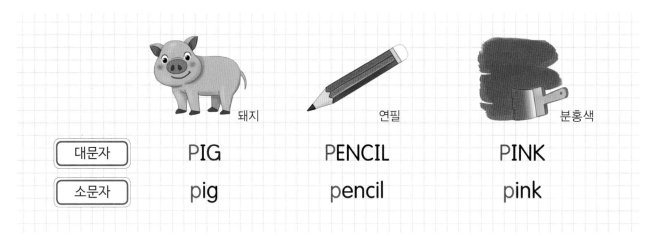

돼지   연필   분홍색

대문자	PIG	PENCIL	PINK
소문자	pig	pencil	pink

✏️ 알파벳을 써 봅시다.

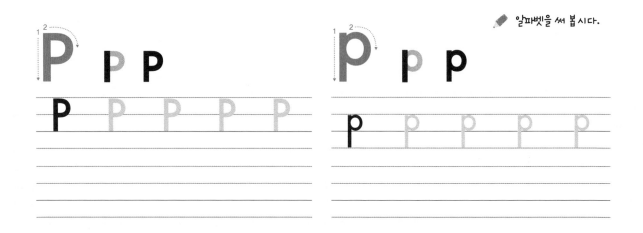

✏️ 잘 익혔는지 확인해 봅시다

1 알파벳 순서에 따라 빈칸에 알맞은 알파벳을 쓰세요.

2 아래에서 알파벳 **피**의 대소 문자를 <u>모두</u> 찾아 ◯표 하세요.

P

D P o P g p q
C J n   p b e
d   l   m G
P a D B j g p

3 빈칸에 알맞은 알파벳 **피**를 써서 단어를 완성하세요.

  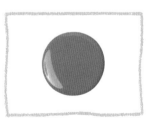

| 대문자 | ___IG | ___ENCIL | ___INK |
| 소문자 | ___ig | ___encil | ___ink |

🔊 **20.mp3**

나는 열일곱 번째 알파벳 **Q**야. **큐**라고 불러 줘. 내 대문자 **Q**는 O에 꼬리를 달아 놓은 것 같아. 소문자 **q**는 p와 비슷하지만 대문자 **Q**의 꼬리가 있는 방향에 긴 세로선이 있다고 기억하면 쉽게 외워질 거야. 나는 '**ㅋ**' 소리가 나.

이름	대문자	소문자
큐	Q	q

TIPS

소문자 q는 p와 헷갈리지? q는 숫자 9와 모양이 닮았다고 기억하면 쉬워!

• 알파벳 Q가 들어간 단어를 들어 보세요.

		여왕		조용한		빠른
대문자	QUEEN		QUIET		QUICK	
소문자	queen		quiet		quick	

✏️ *알파벳을 써 봅시다.*

Q Q Q

Q Q Q Q Q

q q q

q q q q q

✏ 잘 익혔는지 확인해 봅시다

1 알파벳 순서에 따라 빈칸에 알맞은 알파벳을 쓰세요.

2 아래에서 알파벳 큐의 대소 문자를 <u>모두</u> 찾아 ◯표 하세요.

Q

F O A G P q
q Q g b Q d q
d c e
h a p B B q b q

3 빈칸에 알맞은 알파벳 큐를 써서 단어를 완성하세요.

| 대문자 | ____UEEN | ____UIET | ____UICK |

| 소문자 | ____ueen | ____uiet | ____uick |

🔊 **21.mp3**

나는 열여덟 번째 알파벳 R이야. **알**이라고 불러 줘.

내 대문자 **R**은 P에 다리가 하나 더 생긴 모양이야. 나는 '**르**' 소리가 나.

우리말 '르'와 비슷하지만 혀가 입천장에 닿지 않게 소리를 내야 해!

이름	대문자	소문자
알	R	r

• 알파벳 R이 들어간 단어를 들어 보세요.

	비	반지	빨간색
대문자	RAIN	RING	RED
소문자	rain	ring	red

✏️ 알파벳을 써 봅시다.

R R R R

R R R R R R

r r r

r r r r r

64

잘 익혔는지 확인해 봅시다

① 알파벳 순서에 따라 빈칸에 알맞은 알파벳을 쓰세요.

엔 · Nn 오우 · Oo 피 · Pp 큐 · Qq 알

② 아래에서 알파벳 알의 대소 문자를 모두 찾아 ◯표 하세요.

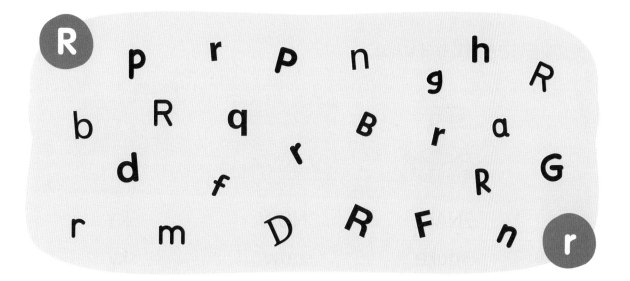

③ 빈칸에 알맞은 알파벳 알을 써서 단어를 완성하세요.

  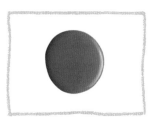

| 대문자 | _____AIN | _____ING | _____ED |
| 소문자 | _____ain | _____ing | _____ed |

Ss

🔊 **22.mp3**

나는 열아홉 번째 알파벳 S야. **에스**라고 불러 줘.
나는 '스스' 소리를 내는 뱀처럼 생겼어. 대소 문자 모양도 똑같아서 정말로
엄마뱀과 아기뱀처럼 보여. 게다가 소리도 '**스**'하고 난단다.

이름	대문자	소문자
에스	S	s

• 알파벳 S가 들어간 단어를 들어 보세요.

	뱀	눈	하늘
대문자	SNAKE	SNOW	SKY
소문자	snake	snow	sky

✏️ *알파벳을 써 봅시다.*

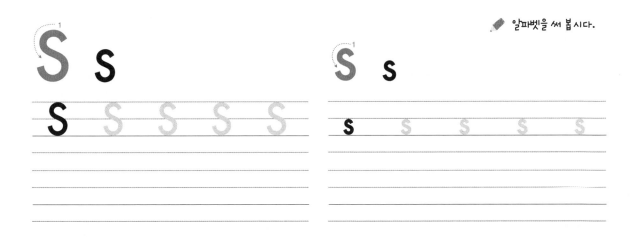

✏ 잘 익혔는지 확인해 봅시다

① 빈칸에 알맞은 말이나 글자를 쓰세요.

내 이름은 _____야. ▶ **S** ◀ 나는 '스' 소리가 나.

내 소문자 모양은 이렇게 생겼어. : _____

② 아래의 각 네모 칸에서 알파벳 에스의 대소 문자 쌍을 찾아 ◯표 하세요.

S	P	s	Q	r	s	J	S
p	s	S	q	R	S	s	j
c	s	B	G	s	S	S	s
S	o	S	s	m	n	r	c

③ 빈칸에 알맞은 알파벳 에스를 써서 단어를 완성하세요.

대문자	____NAKE	____NOW	____KY
소문자	____nake	____now	____ky

🔊 **23.mp3**

나는 스무 번째 알파벳 T야. **티**라고 불러 줘.

내 대문자 T는 나사못 같기도 하고 압정 같기도 해.

나는 '**트**' 소리가 나.

이름	대문자	소문자
티	T	t

• 알파벳 T가 들어간 단어를 들어 보세요.

		호랑이		나무		장난감
대문자	TIGER		TREE		TOY	
소문자	tiger		tree		toy	

✏️ 알파벳을 써 봅시다.

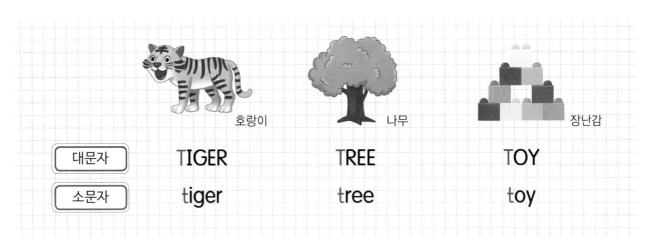

잘 익혔는지 확인해 봅시다

① 빈칸에 알맞은 말이나 글자를 쓰세요.

내 이름은 _____야.

T

나는 '트' 소리가 나.

내 소문자 모양은 이렇게 생겼어. : _____

② 아래의 각 네모 칸에서 알파벳 티의 대소 문자 쌍을 찾아 ◯표 하세요.

r	T
t	R

t	s
R	S

T	t
P	p

Q	q
T	t

t	l
L	T

f	t
F	T

t	T
j	f

T	h
k	t

③ 빈칸에 알맞은 알파벳 티를 써서 단어를 완성하세요.

대문자	____IGER	____REE	____OY
소문자	____iger	____ree	____oy

Review

① 그림 속에 숨어 있는 대문자 알파벳을 찾아 ◯표 하세요.

숨겨진
알파벳

P 피
Q 큐
R 알
S 에스
T 티

② 알파벳 대소 문자를 칸에 맞게 바르게 쓰세요.

피	P	P		p	p
큐	Q	Q		q	q
알	R	R		r	r
에스	S	S		s	s
티	T	T		t	t

③ 잘 듣고, 들려주는 알파벳에 ◯표 하세요. 🔊 **24.mp3**

① P Q R S T

② P Q R S T

③ P Q R S T

④ p q r s t

⑤ p q r s t

④ 알파벳의 대소 문자와 이름이 바르게 짝지어진 것에 ✔표 하세요.

☐ R r 알   ☐ S s 티

☐ P q 피   ☐ Q q 큐

☐ T r 티   ☐ P p 피

☐ S t 에스   ☐ T t 티

각 단어의 시작 알파벳과 짝을 이루는 대소 문자를 연결해 보세요.

pig

quiet

pencil

red

TIGER

SNOW

P

Q

R

s

t

ring

rain

quick

pink

SNAKE

TREE

6️⃣ 알파벳 대소 문자가 바르게 짝지어진 칸에 색칠해 보세요.

H-g	P-p	Q-q	R-r	S-s	T-t	P-g
R-f	Q-p	S-t	P-p	T-q	P-r	Q-f
F-p	R-t	P-q	Q-q	P-t	Q-s	S-t
P-h	S-r	R-s	R-r	Q-r	R-q	N-q
T-r	Q-t	P-q	T-t	S-p	T-p	F-p

➡ 어떤 알파벳이 숨어 있나요? _____

7️⃣ 빈칸에 알맞은 알파벳의 모양과 이름을 쓰세요.

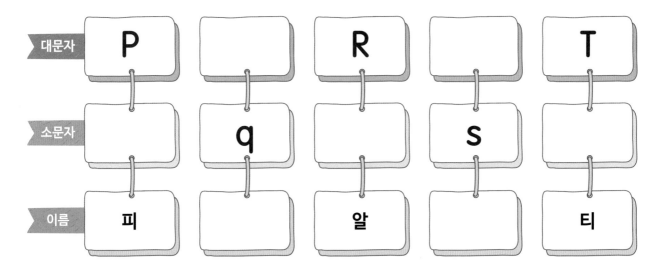

대문자	P		R		T
소문자		q		s	
이름	피		알		티

🔊 **25.mp3**

나는 스물한 번째 알파벳 U야. 유라고 불러 줘.
내 대소 문자는 모양이 거의 같고, 물건을 담을 수 있는 그릇처럼 생겼어.
나는 '어' 소리가 나.

이름	대문자	소문자
유	U	u

• 알파벳 U가 들어간 단어를 들어 보세요.

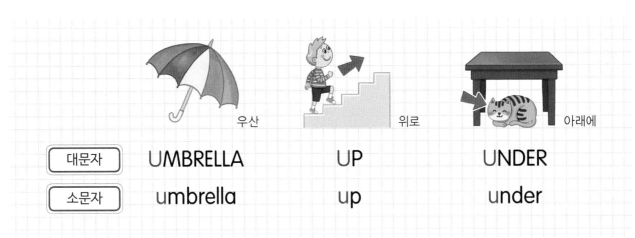

	우산	위로	아래에
대문자	UMBRELLA	UP	UNDER
소문자	umbrella	up	under

🖊 *알파벳을 써 봅시다.*

74

1 빈칸에 알맞은 말이나 글자를 쓰세요.

이름	대문자	소문자
	U	u
유		u
유	U	

2 아래에서 대문자 U와 소문자 u를 <u>모두</u> 찾아 ◯표 하세요.

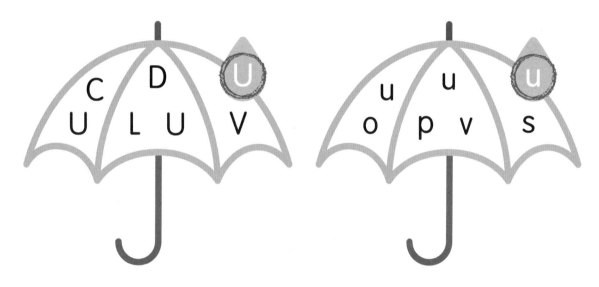

3 빈칸에 알맞은 알파벳 유를 써서 단어를 완성하세요.

| 대문자 | ____MBRELLA | ____P | ____NDER |
| 소문자 | ____mbrella | ____p | ____nder |

🔊 **26.mp3**

나는 스물두 번째 알파벳 V야. **브이**라고 불러 줘. 내 모양은 네가 사진 찍을 때 손가락을 'V'하고 만드는 모양이야. 나는 '**브**' 소리가 나는데, 입술끼리 만나면 안 되고, 윗니가 아랫입술에 닿으면서 나는 소리야.

이름	대문자	소문자
브이	V	v

TIPS
대문자 U와 소문자 u는 부드럽게 웃는 입 모양 이라면 V와 v는 뾰족한 이빨 모양 같아!

• 알파벳 V가 들어간 단어를 들어 보세요.

 바이올린

 조끼

 꽃병

대문자	VIOLIN	VEST	VASE
소문자	violin	vest	vase

✏️ 알파벳을 써 봅시다.

잘 익혔는지 확인해 봅시다

① 빈칸에 알맞은 말이나 글자를 쓰세요.

이름	대문자	소문자
	V	v
브이		v
브이	V	

② 아래에서 대문자 V와 소문자 v를 <u>모두</u> 찾아 ◯표 하세요.

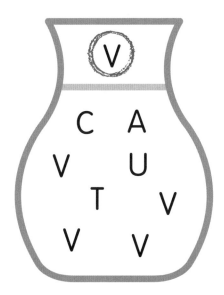

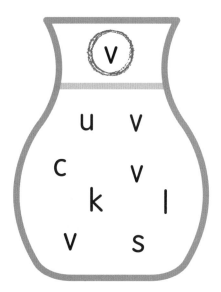

③ 빈칸에 알맞은 알파벳 **브이**를 써서 단어를 완성하세요.

대문자	____IOLIN	____EST	____ASE
소문자	____iolin	____est	____ase

🔊 **27.mp3**

나는 스물세 번째 알파벳 W야. **더블유**라고 불러 줘.
원래는 U 두 개가 합쳐진 글자라서 이름이 '**더블유**(double 두 개+U)'인데,
지금은 날카로운 이빨 같은 모양이 되었어. 나는 '**워**' 소리가 나.

이름	대문자	소문자
더블유	W	W

 TIPS
W는 대문자 M과 닮았지만 거꾸로 뒤집은 모양으로 기억하면 쉬워!

• 알파벳 W가 들어간 단어를 들어 보세요.

	손목시계	물	창문
대문자	WATCH	WATER	WINDOW
소문자	watch	water	window

✏️ 알파벳을 써 봅시다.

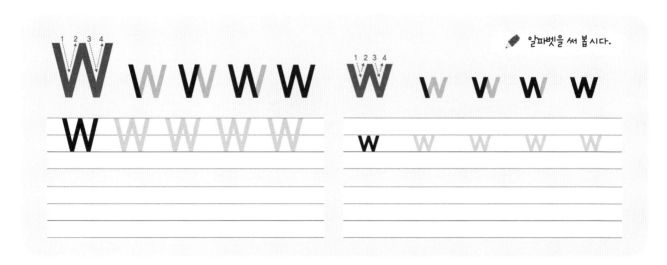

78

잘 익혔는지 확인해 봅시다

① 빈칸에 알맞은 말이나 글자를 쓰세요.

이름	대문자	소문자
	W	w
더블유		w
더블유	W	

② 아래에서 대문자 W와 소문자 w를 <u>모두</u> 찾아 ◯표 하세요.

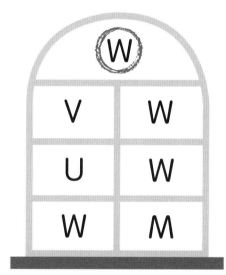

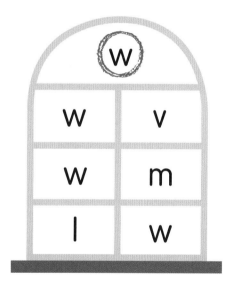

③ 빈칸에 알맞은 알파벳 **더블유**를 써서 단어를 완성하세요.

대문자	____ATCH	____ATER	____INDOW
소문자	____atch	____ater	____indow

28.mp3

나는 스물네 번째 알파벳 X야. **엑스**라고 불러 줘.
내 모양은 주변에서 많이 봤을 거야. 틀렸다는 것을 표시하거나 하지 말라는
것을 표시할 때 쓰는 기호와 같은 모양이야. 나는 '**크스**' 소리가 나.

이름	대문자	소문자
엑스	X	x

• 알파벳 X가 들어간 단어를 들어 보세요.

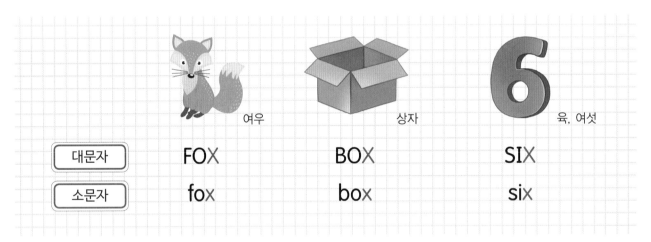

	여우	상자	육, 여섯
대문자	FOX	BOX	SIX
소문자	fox	box	six

✏️ 알파벳을 써 봅시다.

X X X

x x x

✏️ 잘 익혔는지 확인해 봅시다

1) 알파벳 순서에 따라 빈칸에 알맞은 알파벳을 쓰세요.

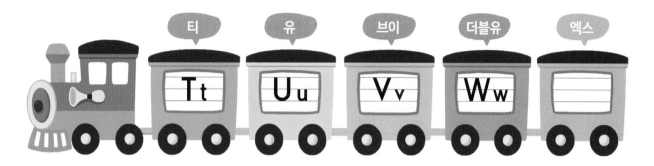

티 유 브이 더블유 엑스

Tt Uu Vv Ww

2) 아래에서 알파벳 **엑스**의 대소 문자를 <u>모두</u> 찾아 ◯ 표 하세요.

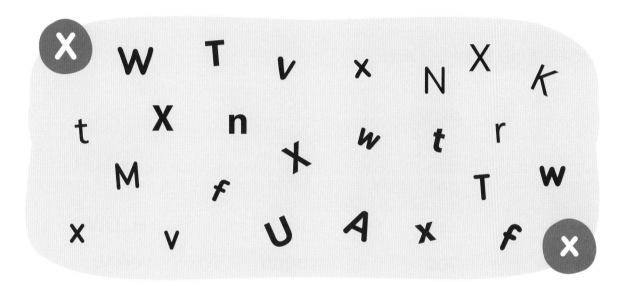

3) 빈칸에 알맞은 알파벳 **엑스**를 써서 단어를 완성하세요.

| 대문자 | FO____ | BO____ | SI____ |
| 소문자 | fo____ | bo____ | si____ |

🔊 **29.mp3**

나는 스물다섯 번째 알파벳 Y야. **와이**라고 불러 줘.
나는 나뭇가지나 새총같이 생겼어. 대문자와 소문자가 비슷하게 생겼는데
소문자는 아래까지 내려가도록 써야 해. 나는 '**이**' 소리가 나.

이름	대문자	소문자
와이	Y	y

• 알파벳 Y가 들어간 단어를 들어 보세요.

	응. 그래	요구르트	노란색
대문자	YES	YOGURT	YELLOW
소문자	yes	yogurt	yellow

✏️ 알파벳을 써 봅시다.

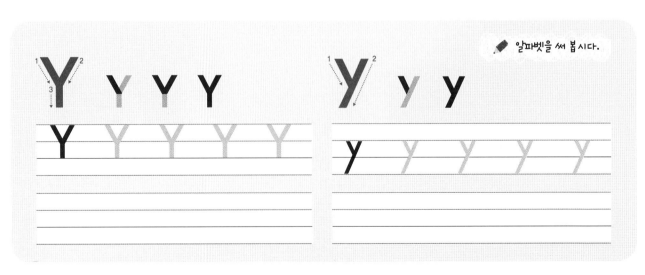

✏️ 잘 익혔는지 확인해 봅시다

1 알파벳 순서에 따라 빈칸에 알맞은 알파벳을 쓰세요.

유   브이   더블유   엑스   와이

Uu   Vv   Ww   Xx

2 아래에서 알파벳 **와이**의 대소 문자를 <u>모두</u> 찾아 ◯표 하세요.

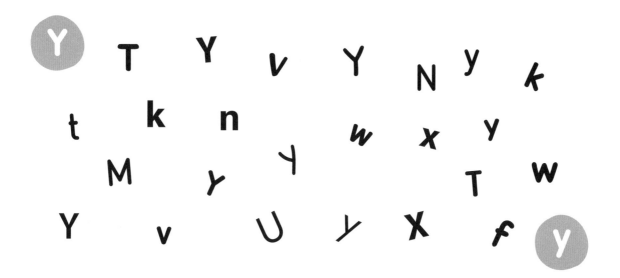

3 빈칸에 알맞은 알파벳 **와이**를 써서 단어를 완성하세요.

| 대문자 | ____ES | ____OGURT | ____ELLOW |
| 소문자 | ____es | ____ogurt | ____ellow |

🔊 **30.mp3**

나는 스물여섯 번째 마지막 알파벳 Z야. **지**라고 불러 줘.

내 모양은 지그재그로 왔다 갔다 하는 모양이야.

잠을 잔다는 표시로 나를 사용하기도 하지. 나는 '**ㅈ**' 소리가 나.

이름	대문자	소문자
지	Z	z

• 알파벳 Z가 들어간 단어를 들어 보세요.

	얼룩말	동물원	영
대문자	ZEBRA	ZOO	ZERO
소문자	zebra	zoo	zero

✏️ 알파벳을 써 봅시다.

84

잘 익혔는지 확인해 봅시다

1 알파벳 순서에 따라 빈칸에 알맞은 알파벳을 쓰세요.

브이 더블유 엑스 와이 지

Vv Ww Xx Yy

2 아래에서 알파벳 지의 대소 문자를 모두 찾아 ◯표 하세요.

Z

S t a Z Z V
T z
W H z
M x Z
Z P v
W
h Y Z y q Z

z

3 빈칸에 알맞은 알파벳 지를 써서 단어를 완성하세요.

| 대문자 | ____EBRA | ____OO | ____ERO |
| 소문자 | ____ebra | ____oo | ____ero |

Review

U, V, W, X, Y, Z

① 그림 속에 숨어 있는 대문자 알파벳을 찾아 ◯표 하세요.

숨겨진 알파벳

- U 유
- V 브이
- W 더블유
- X 엑스
- Y 와이
- Z 지

② 알파벳 대소 문자를 칸에 맞게 바르게 쓰세요.

유	U		u
브이	V		v
더블유	W		w
엑스	X		x
와이	Y		y
지	Z		z

3 아래의 이름에 해당하는 알파벳에 ◯표 하세요.

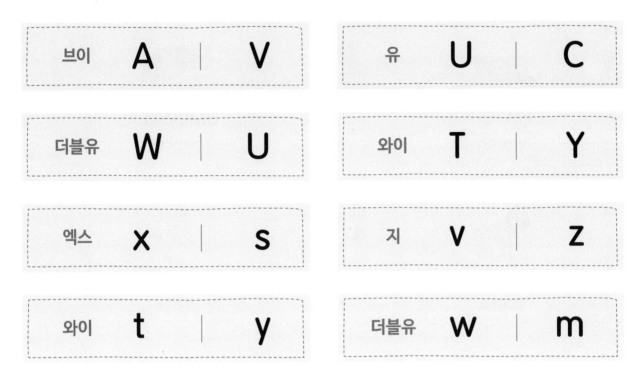

브이	A	V

유	U	C

더블유	W	U

와이	T	Y

엑스	x	s

지	v	z

와이	t	y

더블유	w	m

4 짝이 되는 알파벳의 대소 문자와 이름을 연결해 보세요.

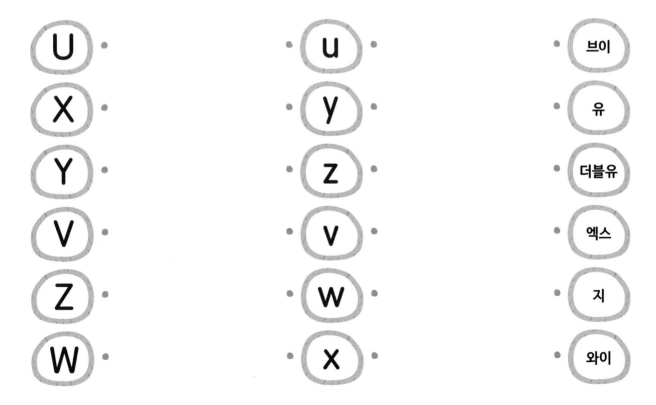

5 잘 듣고, 들려주는 알파벳으로 시작하거나 끝나는 단어에 ◯표 하세요. **31.mp3**

①

WATCH
watch

VEST
vest

UMBRELLA
umbrella

②

 ZEBRA
zebra

 UP
up

 VASE
vase

③

 YOGURT
yogurt

 VIOLIN
violin

 WINDOW
window

④

 YELLOW
yellow

 UNDER
under

 FOX
fox

⑤

 WATER
water

 YES
yes

 ZOO
zoo

6 알파벳 대소 문자가 바르게 짝지어진 칸을 따라 길을 찾아 보세요.

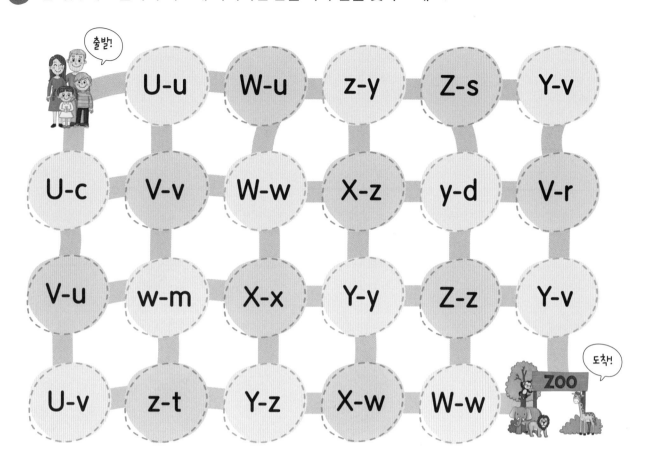

7 빈칸에 알맞은 알파벳의 모양과 이름을 쓰세요.

대문자	소문자	이름
U		유
	v	
W		더블유

대문자	소문자	이름
X		엑스
	y	
Z		지

QR코드를 스캔하면 음원 파일을 바로 듣거나
MP3 파일 전체를 다운로드 할 수 있습니다.

PART 2

총정리 테스트

7종의 총정리 테스트만 통과하면
학교 영어 수업도 문제없어!

알파벳 이름 쓰기

알파벳 이름을 적어 알파벳 차트를 완성하세요.

A a

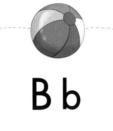

B b

C c

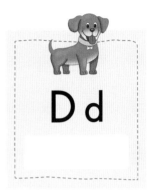

D d

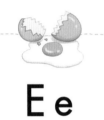

E e

F f

G g

H h

I i

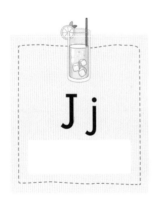

J j

K k

L l

M m

N n

O o

P p

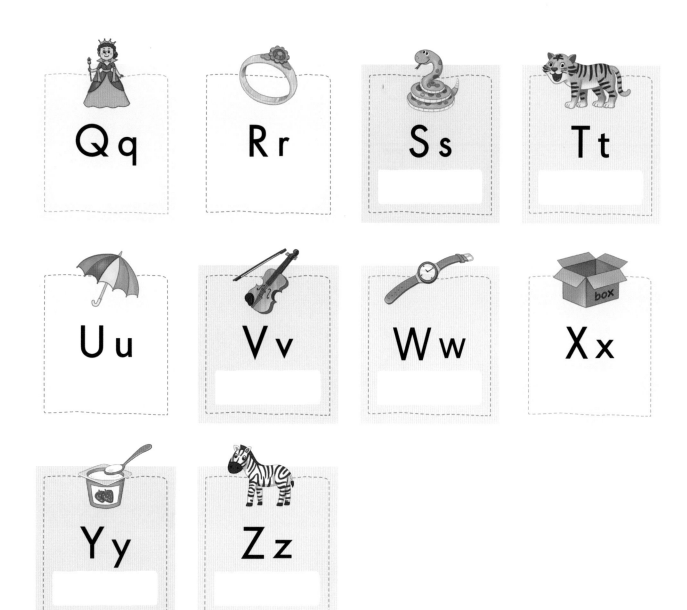

알파벳 바르게 쓰기

알파벳 대문자를 칸에 맞게 바르게 쓰세요.

1)

2)

3)

4)

5)

6)

7)

8)

9)

10)

11)

12)

13)

14)

15)

16)

17)

18)

19)

20)

21)

22)

23)

24)

25)

26)

94

알파벳 소문자를 칸에 맞게 바르게 쓰세요.

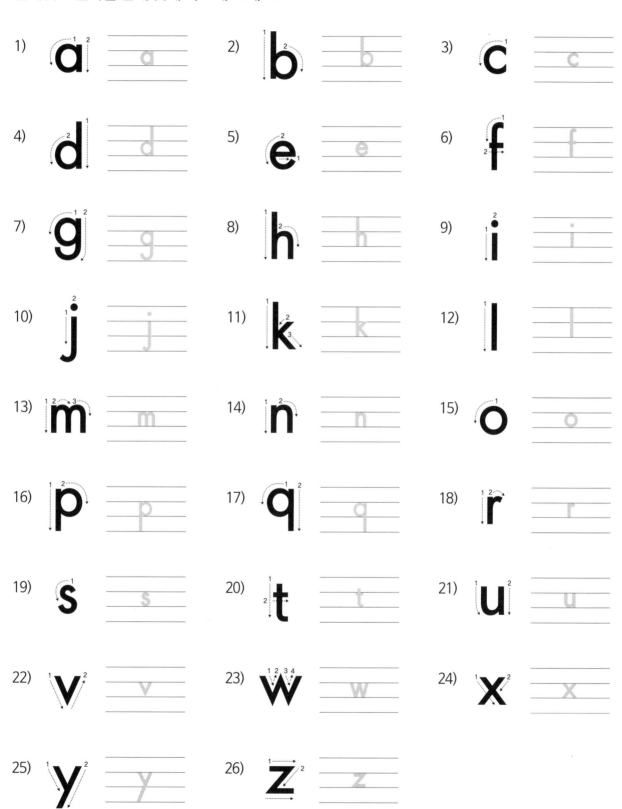

알파벳 순서 연결하기

알파벳 대문자를 순서대로 연결해 미로를 탈출하세요.

출발!

A	B	D	F	G	J	D	V	Q	F
G	C	A	J	D	V	Q	R	C	H
W	D	E	R	X	I	J	B	M	N
Y	H	F	D	F	G	J	Q	R	S
A	S	G	H	I	J	X	P	U	T
D	F	T	X	T	K	A	O	T	U
J	D	F	G	J	L	M	N	K	V
Q	W	A	D	F	G	J	D	X	W
Z	X	C	V	B	N	M	H	Y	Z

도착!

알파벳 소문자를 순서대로 연결해 미로를 탈출하세요.

출발!

도착!

a	e	c	d	g	r	t	q	l	h
b	m	p	o	i	j	e	n	v	f
c	d	e	c	k	g	h	s	o	q
j	q	f	g	h	r	m	x	k	b
f	d	e	n	i	l	w	q	y	i
p	f	l	k	j	x	t	u	n	v
k	s	m	u	t	g	s	v	w	x
t	v	n	o	p	q	r	j	q	y
c	e	h	u	i	g	w	n	k	z

ZOO

대문자-소문자 바꿔 쓰기

소문자를 대문자로 바꿔 쓰세요.

1) a _____

2) b _____

3) c _____

4) d _____

5) e _____

6) f _____

7) g _____

8) h _____

9) i _____

10) j _____

11) k _____

12) l _____

13) m _____

14) n _____

15) o _____

16) p _____

17) q _____

18) r _____

19) s _____

20) t _____

21) u _____

22) v _____

23) w _____

24) x _____

25) y _____

26) z _____

대문자를 소문자로 바꿔 쓰세요.

1) Z _____

2) Y _____

3) X _____

4) W _____

5) V _____

6) U _____

7) T _____

8) S _____

9) R _____

10) Q _____

11) P _____

12) O _____

13) N _____

14) M _____

15) L _____

16) K _____

17) J _____

18) I _____

19) H _____

20) G _____

21) F _____

22) E _____

23) D _____

24) C _____

25) B _____

26) A _____

알파벳 듣고 받아쓰기

잘 듣고 빈칸에 알맞은 대문자를 쓴 다음, 단어에 해당하는 그림에 ◯표 하세요. 🔊 **32.mp3**

1) ___ISH

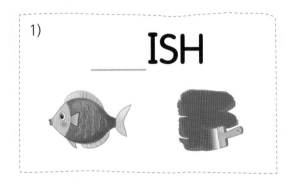

2) ___IFT

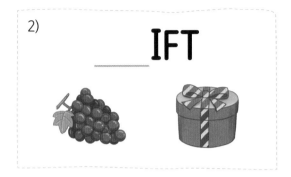

3) ___AND

4) ___OTHER

5) ___ECK

6) ___INK

7) ___ING

8) BO___

100

잘 듣고 빈칸에 알맞은 소문자를 쓴 다음, 단어에 해당하는 그림에 ◯표 하세요. **33.mp3**

1) ____at

2) ____oll

3) ____ight

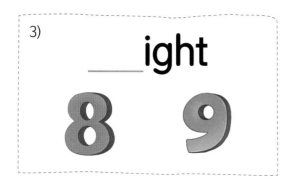

4) ____uice

5) ____range

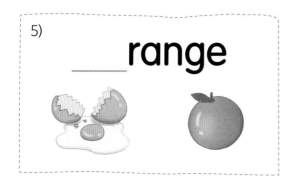

6) ____uiet

7) ____est

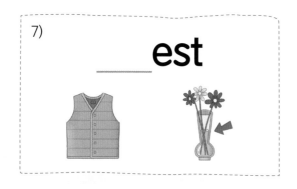

8) ____ebra

대문자-소문자 단어 바꿔 쓰기

대문자 단어를 소문자 단어로 바꿔 쓰세요.

예) APPLE - - - - - - → (apple   )
대문자   소문자

1) CAR - - - - - - → (   )

2) DOG - - - - - → (   )

3) FATHER - - - - - → (   )

4) LION - - - - - → (   )

5) MOUSE - - - - - → (   )

6) QUEEN - - - - - → (   )

7) SNOW - - - - - → (   )

8) WATER - - - - - → (   )

소문자 단어를 대문자 단어로 바꿔 쓰세요.

예) apple
소문자 ------> (APPLE)
대문자

1) blue ------> ( )

2) egg ------> ( )

3) juice ------> ( )

4) key ------> ( )

5) orange ------> ( )

6) pig ------> ( )

7) toy ------> ( )

8) under ------> ( )

알파벳 표 완성하기

각 칸에 알맞은 알파벳 대문자, 소문자, 이름을 써 보세요.

대문자	소문자	이름
A		에이
	b	
C		씨
	d	
E		이
	f	
G		쥐
	h	
I		아이
	j	
K		케이
	l	
M		엠

대문자	소문자	이름
	n	
O		오우
	p	
Q		큐
	r	
S		에스
	t	
U		유
	v	
W		더블유
	x	
Y		와이
	z	

단어 쓰기 연습

알파벳 쓰기 연습도 하고,
초등학교 교과서 단어를 미리 배울 수 있어!

1)
사과

APPLE   apple

APPLE   apple

2)
개미

ANT   ant

ANT   ant

3)
동물

ANIMAL   animal

ANIMAL   animal

4)
공

BALL   ball

BALL   ball

5)
벌

BEE   bee

BEE   bee

6)
파란색

BLUE   blue

BLUE   blue

7) 고양이

CAT   cat

CAT   cat

8) 자동차

CAR   car

CAR   car

9) 사탕

CANDY   candy

CANDY   candy

10) 개

DOG   dog

DOG   dog

11) 오리

DUCK   duck

DUCK   duck

12) 인형

DOLL   doll

DOLL   doll

13) 계란

EGG　　egg

EGG　　egg

14) 팔, 여덟

EIGHT　　eight

EIGHT　　eight

15) 코끼리

ELEPHANT　elephant

ELEPHANT　elephant

16) 물고기

FISH　　fish

FISH　　fish

17) 아버지

FATHER　father

FATHER　father

18) 꽃

FLOWER　flower

FLOWER　flower

19) 포도

GRAPES   grapes

GRAPES   grapes

20) 선물

GIFT   gift

GIFT   gift

21) 초록색

GREEN   green

GREEN   green

22) 모자

HAT   hat

HAT   hat

23) 손

HAND   hand

HAND   hand

24) 집

HOUSE   house

HOUSE   house

25)

IGUANA   iguana

이구아나

IGUANA   iguana

26)

IGLOO   igloo

이글루

IGLOO   igloo

27)

INSECT   insect

곤충

INSECT   insect

28)

JUICE   juice

주스

JUICE   juice

29)

JACKET   jacket

재킷

JACKET   jacket

30)

JAM   jam

잼

JAM   jam

31)
열쇠

KEY key

KEY key

32)
왕

KING king

KING king

33)
차다

KICK kick

KICK kick

34)
사자

LION lion

LION lion

35)
다리

LEG leg

LEG leg

36)
보다

LOOK look

LOOK look

37)

우유

MILK   milk

MILK   milk

38)

쥐

MOUSE   mouse

MOUSE   mouse

39)

어머니

MOTHER   mother

MOTHER   mother

40)

코

NOSE   nose

NOSE   nose

41)

목

NECK   neck

NECK   neck

42)

구, 아홉

NINE   nine

NINE   nine

43)

오렌지

ORANGE   orange

ORANGE   orange

44)

문어

OCTOPUS   octopus

OCTOPUS   octopus

45)

타조

OSTRICH   ostrich

OSTRICH   ostrich

46)

돼지

PIG   pig

PIG   pig

47)

연필

PENCIL   pencil

PENCIL   pencil

48)

분홍색

PINK   pink

PINK   pink

49)

여왕

QUEEN | queen

QUEEN | queen

50)

조용한

QUIET | quiet

QUIET | quiet

51)

빠른

QUICK | quick

QUICK | quick

52)

비

RAIN | rain

RAIN | rain

53)

반지

RING | ring

RING | ring

54)

빨간색

RED | red

RED | red

55)

뱀

SNAKE   snake

SNAKE   snake

56)

눈

SNOW   snow

SNOW   snow

57)

하늘

SKY   sky

SKY   sky

58)

호랑이

TIGER   tiger

TIGER   tiger

59)

나무

TREE   tree

TREE   tree

60)

장난감

TOY   toy

TOY   toy

61)

우산

UMBRELLA umbrella

62)

위로

UP up

63)

아래에

UNDER under

64)

바이올린

VIOLIN violin

65)

조끼

VEST vest

66)

꽃병

VASE vase

118

67)

손목시계

WATCH watch

WATCH watch

68)

물

WATER water

WATER water

69)

창문

WINDOW window

WINDOW window

70)

여우

FOX fox

FOX fox

71)

상자

BOX box

BOX box

72)

6 육, 여섯

SIX six

SIX six

73)

응, 그래

YES   yes

YES   yes

74)

요구르트

YOGURT   yogurt

YOGURT   yogurt

75)

노란색

YELLOW   yellow

YELLOW   yellow

76)

얼룩말

ZEBRA   zebra

ZEBRA   zebra

77)

동물원

ZOO   zoo

ZOO   zoo

78)

영

ZERO   zero

ZERO   zero

정답

외우지 못한 알파벳은
한 번 더 보고 확실히 외우자!

13쪽

19쪽

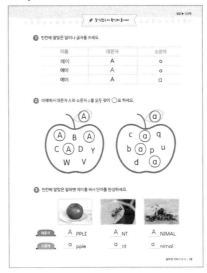

21쪽

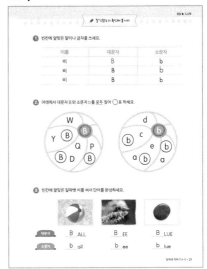

23쪽

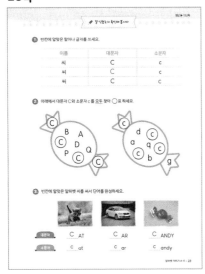

25쪽

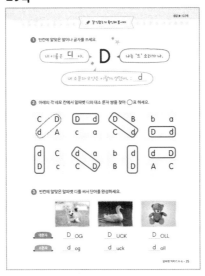

27쪽

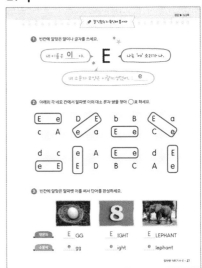

28쪽

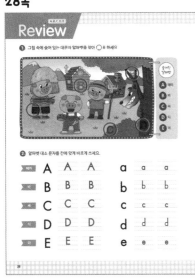

29쪽

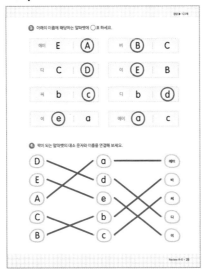

30쪽

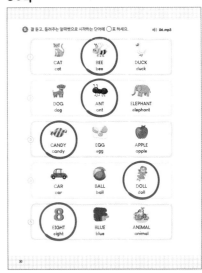

122

31쪽

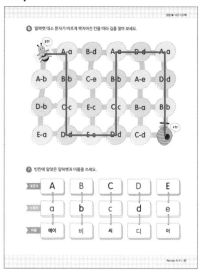

33쪽

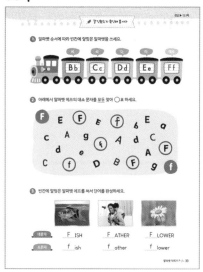

35쪽

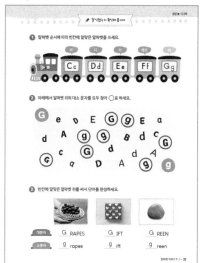

37쪽

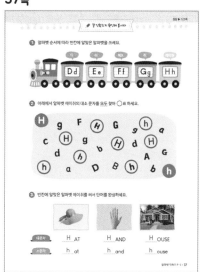

39쪽

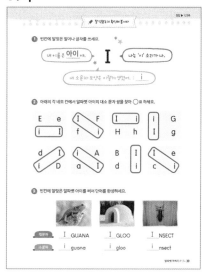

41쪽

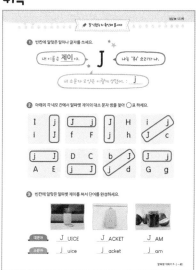

42쪽

43쪽

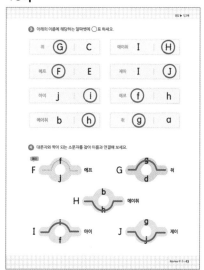

44쪽

45쪽

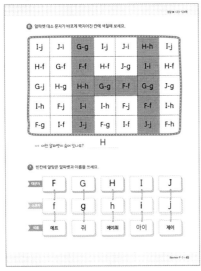

47쪽

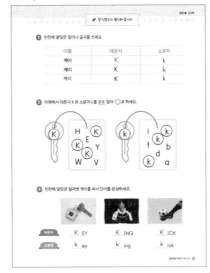

49쪽

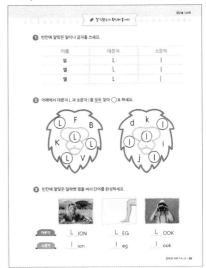

51쪽

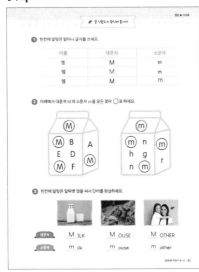

53쪽

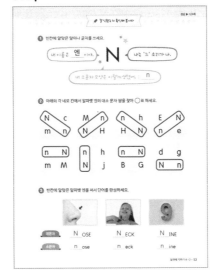

55쪽

56쪽

57쪽

58쪽

59쪽

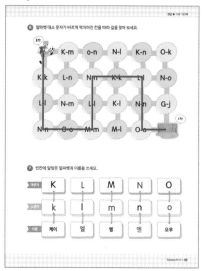

61쪽

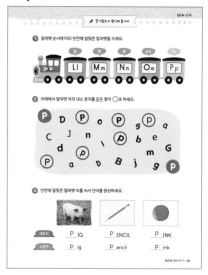

63쪽

65쪽

67쪽

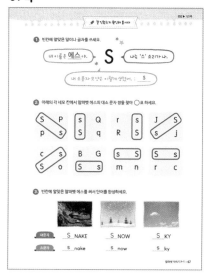

69쪽

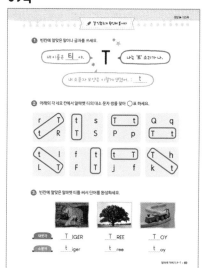

70쪽

71쪽

72쪽

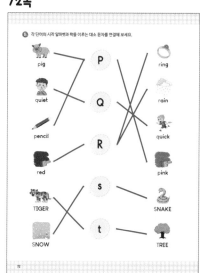

73쪽

75쪽

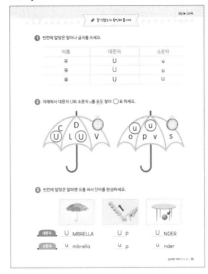

77쪽

79쪽

81쪽

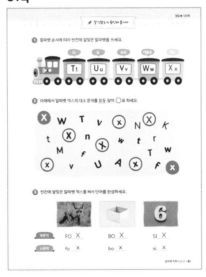

83쪽

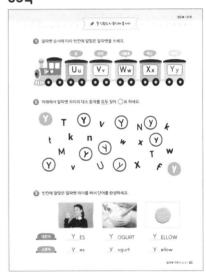

85쪽

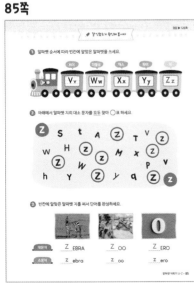

86쪽

87쪽

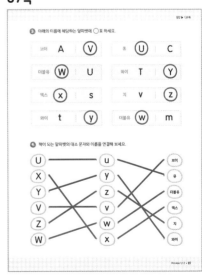

88쪽

89쪽

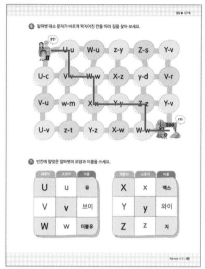

92쪽

93쪽

94쪽

95쪽

96쪽

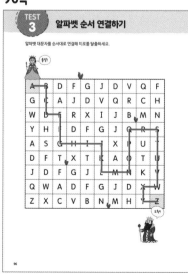

97쪽

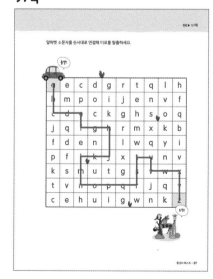

98쪽

99쪽

100쪽

101쪽

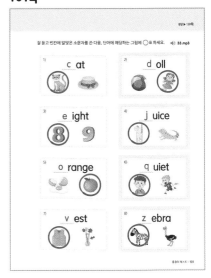

102쪽

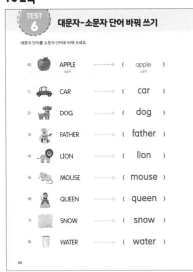

103쪽

104쪽

p.105

대문자	소문자	이름
N	n	엔
O	o	오우
P	p	피
Q	q	큐
R	r	알
S	s	에스
T	t	티
U	u	유
V	v	브이
W	w	더블유
X	x	엑스
Y	y	와이
Z	z	지

총정리 테스트 · 105

기적 영어 학습서

기본이 탄탄! 실전에서 척척!
유초등 필수 영어능력을 길러주는 코어 학습서

유아 영어

재미있는 액티비티가 가득한
3~7세를 위한 영어 워크북

4세 이상   5세 이상   6세 이상   6세 이상

파닉스 완성 프로그램

알파벳 음가 ➔ 사이트워드
➔ 읽기 연습까지!
리딩을 위한 탄탄한 기초 만들기

6세 이상 전 3권   1~3학년   1~3학년 전 3권

영어 단어

영어 실력의 가장 큰 바탕은 어휘력!
교과과정 필수 어휘 익히기

1~3학년 전 2권   3학년 이상 전 2권

영어 리딩

패턴 문장 리딩으로 시작해
정확한 해석을 위한 끊어읽기까지!
탄탄한 독해 실력 쌓기

2~3학년 전 3권   3~4학년 전 3권   4~5학년 전 2권   5~6학년 전 2권

영어 라이팅

저학년은 패턴 영작으로,
고학년은 5형식 문장 만들기 연습으로
튼튼한 영작 실력 완성

2학년 이상 전 4권   4학년 이상 전 5권   5학년 이상 전 2권   6학년 이상

영어일기

한 줄 쓰기부터 생활일기,
주제일기까지!
영어 글쓰기 실력을 키우는 시리즈

3학년 이상   4~5학년   5~6학년

영문법

중학 영어 대비, 영어 구사
정확성을 키워주는 영문법 학습

4~5학년 전 2권   5~6학년 전 3권   6학년 이상

초등 필수 영어 무작정 따라하기

초등 시기에 놓쳐서는 안 될 필수 학습은 바로 영어 교과서!
영어 교과서 5종의 핵심 내용을 쏙쏙 뽑아 한 권으로 압축 정리했습니다.
초등 과정의 필수학습으로 기초를 다져서 중학교 및 상위 학습의 단단한 토대가 되게 합니다.

| 1~2학년 | 2~3학년 | 2~3학년 | 3학년 이상 | 4학년 이상 |

미국교과서 리딩

문제의 차이가 영어 실력의 차이! 논픽션 리딩에 강해지는 《미국교과서 READING》
논픽션 리딩에 가장 좋은 재료인 미국 교과과정의 주제를 담은 지문을 읽고, 독해력과
문제 해결력을 두루 향상시킬 수 있도록 구성한 단계별 리딩 프로그램

| LEVEL 1 | LEVEL 2 | LEVEL 3 | LEVEL 4 | LEVEL 5 |
| 준비 단계 | 시작 단계 | 정독 연습 단계 | 독해 정확성 향상 단계 | 독해 통합심화 단계 |